講談社選書メチエ

517

分析哲学入門

八木沢 敬

MÉTIER

はじめに

分析哲学は英語圏の国々の哲学界ではあきらかに主流である。アメリカ、イギリス、カナダ、オーストラリア、ニュージーランド、アイルランドなどの国へ行って任意の大きな哲学者の集まりに向かって石を投げれば、分析哲学者に当たる確率は哲学者に当たる確率の七〇パーセント以上だろう。(これらの国にさらにスエーデン、ノルウェー、フィンランドも加えてもいいかもしれない。)アメリカの大学では分析哲学があまりにも主流なので、わざわざ「分析哲学」という言葉を使わないことが多い。実際は分析哲学を学んでいながら、卒業するまでそれが分析哲学だとは知らない哲学専攻の学生は驚くほど多い。

では日本はどうかというと、事情はまったく異なる。分析哲学が浸透している大学はいくつかあり、その多くはかなり有名な大学だが、そのような大学のキャンパスでも一歩哲学科の外に出ると、分析哲学の存在感はきわめて薄い。限りなく無に近いくらい薄い。日本人の分析哲学者として、これは悲しい。限りなく号泣状態に近いくらい悲しい。この現状を何とかしたいと思い、分析哲学の楽しみを一般読者の皆様に少しでも味わっていただくことを目的として書いたのが本書である。分析哲学の知識はもちろん、哲学一般の知識も前提にしない。大学の哲学講義ではないので、堅苦しい内容の話はしない。(つもりだが、仮にしてしまっても堅苦しい話し方はしない。(つもりだが、仮にそうしてしまっても長続きはしない。（はずだ。））薄暗い教室のなかに猫背で机に顎をついてではなく、木漏れ日のさす芝生の一隅にゆっくり腰をおろしてさらりと読み流して楽しめるような分析哲学入門の話にしたいと思う。

分析哲学は人を一瞬のうちにガバッと抱き込む魅力を持っている。いったん抱き込まれると、拒みがたい相手と恋に落ちるように、食事中も通勤通学中も入浴中も分析哲学のことを考えなくてはいられないし、もっともっと分析哲学のことを知りたくなる。そんなエロチックとも言えるような知的情熱を、本書で少しでも感じてもらえれば嬉しい。

分析哲学とそうでない哲学のちがいは何か。ある若い日本の分析哲学専攻の大学院生が、分析哲学はカラッとして明るいから好きだ、と私に言ったことがある。今まで私の聞いた分析哲学の性格付けでこれほど短くかつ的確なものはない。最上だ。ほかの例など思い当たらない。その大学院生は、分析哲学の哲学的方法や議論のスタイルのことを言っていたのである。ジメジメして暗い哲学よりカラッとして明るい哲学を好む人には分析哲学が向いている。そしてまた、明るい議論のスタイルが議論をする者の人柄と必ずしも相関関係にあるわけではないにしても、ジメジメして暗い人も分析哲学をしっかり学べば、ひょっとしてカラッとして明るい性格になるかもしれない。（がそうなるという保証はしない。）

目次

表記について

本書では、外国語の名前や単語を原音にもっとも近い形で表記するのを原則とするが、従来の日本語の表記と違う場合がいくつかあるので、それらをここに明示する。

Kripke は「クリプキ」でなく「クリプキー」。自分の姓は Kentucky と完全に韻を踏む、と言う彼自身の言葉にもとづいてこの表記を選んだ。

Carnap は「カルナップ」でなく「カーナップ」。彼はドイツ生まれだが、中堅時の一九四一年にアメリカに帰化しているので、その名前の表記は英語式の発音に従う。

Tarski は「タルスキー」でなく「タースキー」。Carnap と同じくヨーロッパ生まれ（ポーランド）でアメリカに帰化した彼の名前も、英語式にする。

Putnam は「パトナム」でなく「パットナム」。どちらの表記も子音優勢の原音とはかなり違うが、後者のほうがリズムで近い。

Theodore Sider は「セオドア・サイダー」でなく「シオドア・サイダー」。

Willard van Orman Quine は「W.V.O. クワイン」でなく「W.V. クワイン」。van Orman は一つの単位であって、van と Orman という二つの別々のものとしては見ない、というのがクワイン自身の見解であった。

素粒子の名前 quark は「クウォーク」でなく「クワーク」。物理学界では「クウォーク」を好む人が多いようだが、カリフォルニア工科大学物理学教授マリー・ゲル＝マンがジェームズ・ジョイスの小説フィネガンズ・ウェイクの一節から取ったと言われるこの語は、Mark や bark と韻を踏むという理由で、分析哲学者の間では「クワーク」の発音が定着している。

第1章　分析哲学をしよう

1の1．理屈を言おう

哲学一般の、そして特に分析哲学の道具は理屈である。理屈なしの分析哲学は、鍵盤なしのピアノのようなものだ。鍵盤のないピアノがただの音なしの粗大ゴミであるにすぎないように、理屈を言わない分析哲学者はただの大人しい役立たず者にすぎない。残念なことに日本では、「それは理屈だ」という言葉は批判の言葉として使われることが多い。「それは理屈だ。理屈ではそうかもしれないが実際はそうじゃないんだ」というように、理屈と実際が対照的に語られることが多い。そして理屈と実際が食い違うときは、必ず理屈が悪いとされる。理屈を使うということ自体が責められるのだ。しかし少しだけ立ち止まって考えてみれば、理屈を責めるのはそう簡単ではないということがすぐ分かる。

「理屈で押せば三角だという結論に達するかもしれないが、実際に目を開けて見てみれば四角だということは明らかじゃないか。だから理屈じゃないんだ。」これが理屈を使うということ自体の批判として意図されているならば、それはまちがった批判である。いや、ただまちがっているだけではなく自己矛盾している。なぜなら、「Xによれば三角。Yによれば四角。本当は四角。ゆえにYが正しく

Xがまちがっている」というこの推論自体が理屈によって動いているからである。理屈に依存するのがまちがっているのなら、この推論に従うのもまちがっている。すなわち、この推論が理屈批判として成り立つなら、理屈に依存しているこの推論そのものが成り立たない。そういう意味で、この理屈批判は自己論駁的なのである。理屈で理屈を論駁することはできない。とても難しくて人間業ではやりようがない、というのではなく、そもそも客観的に文字通り無理なのだ。これは人間だからできないとか、地球上で進化してきた生物の脳に頼っているからできないとかいうのではなく、論理的に不可能なのである。

だが、もし理屈を使って三角だという結論に達したが本当は四角だったとすれば、やはり理屈を使った結果の結論がまちがっているということになるのではないだろうか。もちろん、その通りである。それが理屈だからだ。理屈という推論の手段そのものと、その手段をある特定の時と場所で使うことをはっきり区別する必要があるのだ。理屈をある特定の時と場所で使って出した特定の結論が必ず正しいという保証はない。それはごく当たり前のことだろう。私たち人間はどんなに素晴らしい道具を与えられても、それを常にまちがいなく完璧に使えるとは限らないからだ。たまたまある特定の結論が誤りだったからといって、理屈そのものを批判し捨て去るのは正気の沙汰ではない。この例では、目を開けて見れば四角だったということである。確かに目に見えてこうだから実際にこうだといえることは多いが、しかし必ずしも常にそういえるとは限らない。視覚における錯覚の現象は、知覚心理学で確立され広く深く研究されている現象である。日常生活でも、見た目と実際の食い違いはよくあることだ。しかしだからといって、視覚をまったく信用しないという人はいないだろう。それどころか、視覚の錯覚は、視覚そのものをさらに注意深く使うことによって気づかれ直されることがほとんどである。理屈とて同様。時々まちがって使われるからといって、全然使わないという人はいない。そして、理屈のまちがいは理屈で察し理屈で直すのが当然だ。理屈をまったく信用しないなどということは、五感による知覚をまったく信用しないということよりさらにもっと無理なことである。知覚も理屈も、せっかく備わった能力なのだから磨き上げて最高のレベルで働くようにしようと思うのが健康な態度であろう。

理屈の抱擁からは逃げられない。ならば、しっかり抱き返そう。

1の2. 何を分析するのか

普通の人が初めて「分析哲学」という言葉を聞いた時たぶん心に浮かぶのは、何を分析するのかという問いであろう。化学分析といえば、分析するのは化学物質。生物分析といえば、分析するのは生物組織。では分析哲学が分析するのはいったい何か？　哲学的物質なるものがあるのだろうか。どこか虹のかなたに隠されていて謎めいた芳香を放つエキゾチックな物質が。そんな物があるのだろうと思うあなたは、空想哲学漫画の読みすぎである。

分析哲学が分析するのは、一言で言えば「概念」である。何の概念でもいい。だが、そもそも概念を分析するとは一体どういうことなのだろうか。化学分析と比べてみよう。水を化学物質として考えたうえで「水とは何だろう」という問いかけをしたとする。その問いに対して、台所の蛇口からグラスに水を注ぎ、そのグラスをテーブルに置いて「これが水だ」と言っても答えにはならない。求められているのは水という物質の特定の例ではなくて、水という物質の化学分析なのだから。すなわち、水という物質の化学的成分は何で、それらの成分がどう結合して水という物質を形作っているのか、と問われているのだから。答えはもちろん、「水は水素原子ふたつと酸素原子ひとつが化学結合したものだ」である。これをもっと簡単に言えば、「水はH_2Oである」となる。概念の哲学分析も、こういう化学物質の化学分析と同じようにできるのである。ただ分析の対象が化学物質ではなく概念で、方法も化学実験ではなく哲学的思索だという違いがあるにすぎない。

ひとつ例をあげよう。「妻」という概念をとってみる。この概念はどのように分析され得るのだろうか。まず明らかなのは、妻とは結婚している人であるということだ。未婚の母は可能だが、未婚の妻は不可能である。もちろん結婚している人すべてが妻であるわけではない。夫も結婚している人に違いはないが、妻ではない。妻を夫から区別するのは性である。女性なら妻、男性なら夫。そして、結婚している人というのを言い換えれば配偶者。ということで、「妻とは女性配偶者のことである」が妻という概念の正しい分析となる。この概念分析をみて、妻は女性配偶者であるなどということは当たり前ではないかと思う読者がいるかもしれない。だとしたら、そういう読者はまったく正しい。当たり前でない概念分析は、まちがった概念分析なのである。たとえば、ある人物が妻であるからといって、その人物が子持ちだということにはならない。妻が子を持つということは、ここで言う意味で当たり前のことではない。なので、「妻とは子持ちの女性配偶者のことである」は概念分析としてはまちがっている。

ただここで大事なのは、当たり前ということは、つまらないということとは違うということだ。「妻とは妻のことである」は間違いではないが当たり前であり、しかもつまらない。「XとはXのことである」という構文の一例にすぎないからだ。ではなぜこの構文の例はすべて当たり前のみならずつまらないのかというと、Xが何であるかにかかわらず、この構文自体の意味そのものが「XとはXのことである」は真であるということを保証するからにほかならない。その一方「XとはYのZのことである」という構文は、その意味だけで真理が保証されてはいない。たとえば「魚とは水棲の脊椎動物のことである」はこの構文の一例だが偽である。(鯨は水棲の脊椎動物だが魚ではない。) この構文の真偽はX、Y、Zが何であるかによって左右される。そういう意味で、「妻とは女性の配偶者のことである」はつまらなくないのである。

分析哲学者が目指すのは、当たり前だがつまらなくない概念分析というわけだ。この区別を無視すると、分析哲学とはじつに浅薄な学問だという印象を受けてしまう。分析哲学者達自身のあいだでも実際そういう印象を受けがちな人がいないわけでもなく、彼らの間ではこれを「分析のパラドックス」と呼んで何とかしようとする動きがある。アメリカのニューヨーク市にあるコロンビア大学の哲学科から出版されている有名な哲学の学術誌の二〇〇八年六月号に、「分析哲学者は浅薄で馬鹿か?」という論文が載ったほどだ。論文の結論が「否」だったのはもちろんである。(筆者はむかし仙台で英語の教師をしたことのあるアメリカの分析哲学者で、論文の中で「男の子は男の子です」という日本語の例文を使っている。)

「妻とは女性配偶者のことである」は当たり前だがつまらなくはないということは分かったが、それとは別にもうひとつ不満があるという読者がいるかもしれない。妻とは女性配偶者のことであると言われても、もし女性とは何かとか配偶者とは何かということが分からなければ、妻とは何かということは究極的には分からないのではないか。これはもっともな意見である。確かに、女性と配偶者というふたつの概念が完全に把握できなければ、妻という概念も完全には把握できない。ただ、この事実をもって「妻とは女性配偶者のことである」という概念分析を批判するのはお門違いである。「水は水素原子ふたつと酸素原子ひとつが化学結合したもの」という化学分析を、水素原子や酸素原子とはどういう物質かを明らかにしていないという理由で批判するようなものだ。水というひとつの物質は水素原子と酸素原子というふたつの物質の化学結合物だ、ということを知ることは重要な化学の知識を得ることである。もちろん、水素原子とはいかなる物質か、酸素原子とはいかなる物質か、ということが分かればさらに化学の知識は深まる。しかしだからと言って、それが完全に分かる前は水という物質が何であるか全く分からないということにはならない。

これに関連して、もうひとつ大事なポイントがある。水素原子は何かといえば、ひとつの陽子とひとつの電子が電気的に結合したものである。それでは、陽子は何かといえば、ふたつのアップ・クワークとひとつのダウン・クワークから成っているものである。現在の物理学の定論によると、クワークと電子はさらに小さな構成物から成っているのではなさそうである。もちろん、この定論が究極の真理かどうかは分からない。そもそも「構成物」という概念がクワークや電子のレベルで意味をなすという保証すらないので、そのような問いかけそのものが意味をなすという保証さえない。いずれにせよ、化学分析は大きなものから小さなものへ進むという方向性があるのだ。これに終わりがなく、小さいものからより小さいもの、そしてさらにもっと小さいものへと無限に進んでいくのか、それともあるレベルで終わりになるのか、どちらかである。今のところあるレベル(クワークや電子のレベル)で終わりになるだろうと思われるが、これについて今から十世紀後の物理学が何と言うか予想しようもない。概念分析の場合はどうだろう。妻という概念が女性と配偶者というふたつの概念によって分析され、その女性と配偶者という概念がそれぞれの構成概念で分析され、それらの構成概念がさらなる概念によって分析され、……というふうに無限に続くのだろうか。それとも、あるレベルで概念分析は究極的に終わるのだろうか。より基本的な概念へと無限に続くと言う分析哲学者は非常に少ない。(その数は限りなくゼロに近い。)ほとんどの分析哲学者はあるレベルで分析は終わると考える。(より基本的な概念へと無限に続きはしないが分析が終わる究極的な最終レベルがあるわけでもない、というおかしな立場もある。たとえば、妻という概念を女性と配偶者という概念で分析し、配偶者という概念を妻と夫という概念で「配偶者とは、妻または夫である」と分析するような立場である。妻→配偶者→妻→配偶者→……というような循環的な概念分析を許容すれば、分析は終わることはない。しかしそのような循環的な分析は分析の本質を否定するものなので、真面目に取る分析哲学者はまずいない。したがってこの立場は無視しよう。）

1の3．分析の終わり

では分析が終わるレベルとはどこか。これについては大きく分かれたふたつの意見がある。ひとつは、究極のレベルは知覚によって直接得られる概念のみのレベルだという意見だ。知覚によって直接得られる概念とは、緑色、低い音、焦げ臭さ、甘さ、なめらかさ、といった視覚、聴覚、嗅覚、味覚、触覚を通じて直接経験する性質の概念のことである。それに対するもうひとつの意見は、究極のレベルには知覚によって直接得られる概念のほかに知覚によって直接は得られない概念も含まれる、という意見だ。この二つの意見のどちらが正しいのだろうか。私たちが持つ概念のすべてが究極的には知覚によって直接得られる概念以外の何ものでもない、という第一の意見はかなり疑わしく思われる。もし私たちが最初の知覚経験をする前には何の概念も持っていないとしたら、知覚によって直接得た概念を記述し分類し統括してさらなる概念を獲得するのに必要な、概念の概念すなわちメタ概念はどうやって獲得できるのだろうか。メタ概念なしでは、知覚によって直接得られる概念から知覚によって直接得られない概念は合成できない。ちょうど、布とボタンがあっても糸がなくてはボタンが布に縫い付けられないように。

第二の意見によると、知覚によっては直接得られない概念がある。今見たようにメタ概念がその例だが、メタ概念のほかにどういう概念がそうなのだろう。女性という概念はそのひとつなのだろうか。恐らくそうではないだろう。女性という概念は、性という概念と卵巣またはエストロゲンという概念で、ある程度分析することができそうだからである。(正確な分析はきわめて難しい。たとえば、女性という概念とオンナという概念は区別すべきかもしれない。)「XはYである」と言うときの「……は……である」という概念は、知覚で直接得られない概念のひとつである可能性が高い。「すべての」、「あるいはまた」、「……でない」などといった論理学の概念は一般に、論理学の概念以外の概念によって分析できるものではないし、知覚によって直接得られるものでもない。(たとえば、ものごとの「あるいはまた」性を視覚によって直接知覚するということがどういうことかを本当に把握できる人などいない。)というわけで、少なくともメタ概念や論理概念は、知覚によって直接得られない究極のレベルの概念だということは明らかであると言える。知覚によって直接得られない究極のレベルの概念は、もちろんその他にも色々あるかもしれない。

ここで話した二つのライバル意見のうち、第一の意見を「(イギリス)経験論」、第二の意見を

「(大陸)合理論」と呼ぶのが哲学史の伝統だ。このトピックは第7章でふたたび触れる機会があるが、ここでは経験論者にとってはやっかいな概念の例をもうひとつだけあげることにしよう。倫理的な意味での「よい」すなわち「善い」という概念である。一九〇三年に出版された『倫理学原理』という本でイギリスのケンブリッジ大学のG.E.ムーアという哲学者が、この概念はそう簡単には分析できない概念だと主張した。たとえば「善いとは、皆から欲求されているということである」と分析するのはまちがいであるということを示すために、ムーアは次のように議論した。もし「善い」が「皆から欲求されている」と分析され得るなら、「これは皆から欲求されているが、善いのだろうか」という問いかけは馬鹿げた問いかけであることになる。だが、それは馬鹿げた問いかけではない。よって、「善い」は「皆から欲求されている」と分析され得ない。この問いかけが馬鹿げた問いかけでないという事実を、「これは女性配偶者だが、妻なのだろうか」という問いかけが馬鹿げた問いかけであるという事実と比べてみてほしい。後者の事実は、「妻」が「女性配偶者」として分析可能なので成り立っているのだ。一般に、「これはYだが、Xなのだろうか」という問いかけが馬鹿げていなければ「XはYである」と言うのは当たり前でなく、したがってXをYと概念分析するのはまちがっているということになる。「善い」という概念は知覚で直接得られるわけではないので、イギリス人のムーアのこの主張は皮肉にも、(イギリス)経験論に問題を掲げる結果になっている。

「妻とは女性配偶者のことである」という概念分析は完璧に正しいとはいえない、と言う読者がいるかもしれない。その理由として、たとえば、同性愛者であるふたりの男性が結婚してそのひとりが妻の役割を果たしていたとすれば、彼は男性配偶者でありながら妻であるからだ、というようなことが挙げられるかもしれない。このような議論にどれだけの説得力があるかは定かではないが、仮にかなりの説得力があると仮定してみよう。そうした場合、この概念分析は駄目になってしまうのであろうか。いや、必ずしもそうなるとは限らない。話はそう簡単ではない。

ふたたび化学分析の場合と比べてみよう。水の化学分析によると水はH_2Oだということだったが、この化学分析は完璧に正しいとはいえないと言う人がいるかもしれない。D_2O（重水）とT_2O（三重水素水）も水だ、という理由からである。（DとTは、デューテリウムとトリチウムというHのアイソトープ。）もしこういう反論がでた場合、対処するにあたって選択肢はふたつある。DもTも水素には違いないので、「水は、水素原子ふたつと酸素原子ひとつが化学結合したもの」という分析だけを維持して、「水はH_2O」という分析を放棄し「水はH_2OかD_2OかT_2O」という分析で置き換えるという選択肢がひとつ。それから、「水はH_2O」という分析を維持して、D_2OとT_2Oは水ではないという判断をくだすという選択肢がひとつ。つまり、水は水素原子ふたつと酸素原子ひとつが化学結合したもの一般ではなく、H原子ふたつと酸素原子ひとつが化学結合したものとするのが第二の選択肢なわけだ。要するに、重水と三重水素水を水とみなすかどうかについての選択を迫られるということである。どちらの選択肢を取るかは、化学や物理学の理論全体に与える影響を考えたうえで、ある程度任意に決めることだ。このように、分析においては発見でなく人工的な規定を余儀なくされることがしばしばある。

水の例は化学分析の例だが、科学分野のなかでの概念分析の例もある。二〇〇六年に世界の天文学者が惑星という概念を規定によって研ぎ澄ませた結果、冥王星が惑星でなくなってしまったという事実がある。冥王星自身は特に変わったわけではなく、惑星の定義が以前より明確になったためその定義からはずれてしまっただけだ。天文学者たちのこの規定は、天文学の理論全体に与える影響を考慮して作られたものだった。同じように、結婚した同性愛の男性のカップルの場合も、そのうちのひとりを妻と見なして「妻とは女性配偶者」という分析を放棄するか、それともふたりとも妻ではなく夫であると見なしてその分析を維持するかの判断は、婚姻制度やその他の社会制度に与える影響を考慮して下せばいい。いずれにしても、そうなった場合は正しい概念分析が発見されたというよりも、すべてを考慮したうえで最適な概念定義が人工的に規定されたと言ったほうが正確である。

ここまで読んできて次のように思う読者がいるかもしれない。「妻とは女性配偶者のことである」とはその通りだが、これが概念分析というものなら、概念分析はごく当たり前のことをさも重要なことのように回りくどく言っているにすぎない。言葉じりを捕まえてあれこれ議論しているだけで、本当に大事な哲学問題には何の関係もなく時間の無駄である。分析哲学とは、ただ屁理屈をならべ立てて自己満足するというだけの行為なのではないか。このように思う読者は、決定的に大切なことをふたつ忘れている。ひとつは、「妻とは女性配偶者」という分析は概念分析の一例にすぎないということ。妻という概念は比較的に単純明確で、概念分析を説明する例として使うには持ってこいなのである。その分析結果が当たり前に見えるのは、これが例としてうまくいったという証拠だと言える。それから、この例は特に伝統的な哲学的問題とは係わらない例として意図的に選んだものだ。哲学の問題を考えるのに必要な方法を説明するのに、哲学の問題を例にして説明をおこなうのは最良とは言えない。問題そのものに注意がいってしまって、方法論がおろそかになる危険性が高いからだ。議論の内容と、その内容を議論する方法の区別は、忘れられていることのふたつ目にも大きく関係している。大事な哲学の問題を議論するには、問題の大事さに見合った方法が要る。ただ漠然と「思索」しているだけでは学問的探求とはいえない。概念分析は、分析哲学者が使う大事な哲学問題に見合う大事な方法なのだ。言葉じりを捕まえて屁理屈を並べているように見えるとしたら、それは本当の意味でとことん理屈で押してものごとを考えることに慣れていないからである。最後のページに達するまでにそうすることに少しでも慣れてもらえれば、本書の目的はおおかた達成されたと言っていいだろう。

さて分析哲学者が分析するのが概念なら、「分析哲学」という概念そのものを分析して見せたらどうだろう。そうすれば分析哲学というものがどういうものか誰にもはっきり分かるはずだ。という意見があるかもしれないが、残念ながらそうはいかない。妻という概念は比較的簡単に分析できるが、すべての概念がそうだというわけではない。特に哲学的に重要な概念は一般的に言って分析が非常にむずかしい。そうでなかったら、すべての病気や怪我を治しその他の医療問題を完全に解決してしまった医者のように、分析哲学者はやることがなくなっているはずである。また、もし仮に分析哲学という概念の正確な分析ができたとしても、それが分析哲学とはどういうものかを知りたい一般の人々の役にたつという保証はない。分析哲学をある程度知らないと理解できない分析になるかもしれないからだ。いずれにしても、ある学業の分野がどういうものかを知るためにはその分野の定義を求めるよりも、実際にその分野の学業をしてみるのが一番の早道である。そういうわけで、さっそく分析哲学をやってみることにしよう。

1の4. 分析哲学史的な補足

概念分析という方法は、西洋哲学史上特に最近発明されたというわけではない。古代ギリシャ、中世、近世、現代を通じて常に用いられていた方法である。しかし意識的に概念分析をあからさまに看板に掲げた運動としての「分析哲学」は、十九世紀の終わりから二十世紀にかけて徐々に生まれたと言うことができ、その誕生から今日にいたる短い歴史のなかに大きく三つの成長過程を区別することができる。

まず第一は、イェナ時代。ドイツのイェナ大学の数学科教授のゴットロープ・フレーゲ（一八四八―一九二五）は数学、特に数論の基礎を確立することをライフワークとして追究し、「論理主義」という画期的な立場を提唱し擁護した。それは数論は論理学にすぎないという立場であり、それを擁護するには、数論を論理学に還元する必要がある。だが当時の論理学はアリストテレス流の古風な論理学で、数論をそれに還元するどころか、そもそも数論の命題をきちんと言い表わすことさえできないものだったので、フレーゲは、アリストテレス流論理学の難点を克服する新しい論理学を作り出し、その論理学のなかで数論の定理をすべて証明する必要があった。この第一段階、すなわち新しい論理学の構築において概念分析者としてのフレーゲは画期的な業績をあげ、分析哲学の誕生に大きく貢献したのである。特に、「存在」という概念は概念の属性をあらわす概念、すなわちメタ概念だという主張は、量化理論として知られる現代論理学の根底をなす重要な洞察である。フレーゲのプログラムの第二段階、すなわちすべての数論の定理を論理学の公理のみから論理学の推論規則のみを用いて証明するという部分は残念ながら成功しなかったが、数論の命題を論理学の言葉で言い表わすためにその一環としておこなった「整数」という概念の分析は、概念分析のエレガントな範例として今日にいたるまで広く語り継がれており、第10章で垣間見る機会がある。

分析哲学の成長過程の第二段階は、ケンブリッジ時代。フレーゲの論理主義のプログラムの第二段階を脱線させたのは、ケンブリッジ大学の哲学者バートランド・ラッセル（一八七二―一九七〇）だった。数論の定理を論理学内で証明するにあたってフレーゲは、ある命題を論理学の公理として扱い、数論の定理の証明に使ったのだが、一九〇一年にラッセルはその公理から矛盾が導き出せることを証明したのである。これは「ラッセルのパラドックス」として知られるようになり、フレーゲの論理主義に致命的な打撃を与えた。その後ラッセル自身、フレーゲの思想に基づいた自己流の論理主義を提唱し、師のアルフレッド・ノース・ホワイトヘッド（一八六一―一九四七）と共著で『数学原理』という大作を出している。このフレーゲ‐ラッセル理論は、現在「集合論」と呼ばれて純粋な論理学とは切り離されている数学の一分野の発展に大きく貢献した。ラッセルはその後、英語の定冠詞「the」の分析をしてそれを形而上学に応用し、言語哲学と形而上学を結ぶ画期的な業績をあげた。これは、フレーゲの「整数」の概念分析とならんで、いやある意味ではそれよりさらに重要な概念分析の範例として今も広く論じられている。

論理主義とはべつにラッセルには、自分自身の分析哲学的アイデアがあった。それは「論理原子主義」というアイデアで、若いころ追従していたドイツ観念論から決別したあと取った立場である。ケンブリッジの同僚のG．E．ムーアの先駆的な思想に導かれ、醒めた実在論を基盤として諸々の論理概念、形而上学的概念を分析せんとするラッセルが、ケンブリッジでの自分の教え子のルートヴィッヒ・ヴィトゲンシュタイン（一八八九―一九五一）というオーストリア人から学んだというこのアイデアは、分析哲学の確固たる地位を築くのに大きな役割を果たした。

その後分析哲学はおもに、ケンブリッジ、オックスフォードなどのイギリス哲学者たちやウィーン、ベルリンなどの論理実証主義者たちによって受け継がれ発展したが、成長過程の第三段階はアメリカ時代というべきであろう。ハーバード大学のアメリカ人W．V．クワイン（一九〇八―二〇〇〇）と、ドイツ生まれでアメリカに帰化した、もと論理実証主義者でシカゴ大学そしてカリフォルニア大学ロサンゼルス校に籍をおいたルドルフ・カーナップ（一八九一―一九七〇）による論理哲学、言語哲学、科学哲学、認識論は、分析哲学の精神と手法が広い範囲にわたっていかに有効かということを明確に示しており、分析哲学の中心はあきらかにヨーロッパからアメリカへと移ったのである。その傾向を疑い得ないものにしたのは、一九七〇年の冬プリンストン大学でおこなわれた三つの講義である。ソール・クリプキー（一九四〇—）というアメリカ人哲学者によるこの講義は「名指しと必然性」と題され、言語哲学におけるフレーゲとラッセルの理論の批判から始まって心と物の同一主義の批判で終わる、非常に広い範囲のトピックを新鮮な議論で体系的にあつかう講義として、世界の分析哲学者たちに即座に大きな影響を与えた。

二十一世紀前半の現在、分析哲学は今までになく多極化しており、成長過程の新しい段階、第四段階に入りつつあると言ってもいいかもしれない。この章ですでに言及した地域のほか、カナダ、オーストラリア、ニュージーランド、スカンジナビアの諸国では分析哲学が哲学の主流であり、他のヨーロッパ諸国、そしてまたそれ以外の国々にもゆっくりとではあるが次第に浸透しつつある。日本の分析哲学界が拡大し繁栄するには持ってこいの時が来ている。

第2章 「ある」とはどういうことか

2の1．見えるものだけを信じるべきか

妻という概念の分析を例として見たが、ここからは哲学的にもっと一般的意義のある概念を分析することにしよう。まずこの章では、「存在を信じる」という概念から始める。

私たちは、毎日数え切れないほど多くのものに囲まれて生活している。テーブル、椅子、コーヒーカップ、携帯電話、ステゴザウルス柄の青と黄色のアロハシャツ。それらのものはすべて「ある」わけだが、これこれのものが「ある」とは一体どういうことなのだろうか。存在論と呼ばれる哲学の一領域に属するこのかなり難しい問いに答える第一歩として、ここでは、何かを存在するものとして受け入れるということについて考えてみよう。

人はしばしばこんなことを言う。「私にとって、あるということは目に見えているということです。私は目に見えていないものなどあるとは信じません。」本気でこう言う人は普通、自分が言っていることがいかに極端なことであるかに気づいていない。自分自身が発したその言葉は目に見えるものではない。よって、発せられたその言葉の存在を信じないということになってしまう。ということは、自分は何も言っていないということになる。すなわち、「あるということは目に見えているというこ

と」という自分の意見を声に出すのは、自己否定的な行為なのである。こういう指摘をすると、たぶん次のような反応が返ってくるだろう。「そんなふうに文字通り解釈しないでください。自分が発した言葉があるということはもちろん信じます。『目に見えている』と言うとき私は、『目に見えている』だけではなく『耳に聞こえている』や『手に触れている』など、視覚、聴覚、触覚、嗅覚、味覚、の五感全部を含めているつもりなんです。」つまり「目に見えている」を「(五感のいずれかで)知覚している」という意味で使っているというわけであるが、分析哲学でこういう言い訳は通用しない。「知覚している」と言いたいのなら「目に見えている」ではなく「知覚している」と言うべし。不正確な言い方のために誤解されるのは、誤解されるほうが悪い。言いたいことをできるだけ正確に言葉にあらわすことこそ、思考の明晰さを重要視する分析哲学の第一歩である。

では、「あるということは知覚されているということです。知覚されていないものなどあるとは信じません」とはっきり言う人の場合はどうだろう。その人の意見は理にかなっているのだろうか。残念ながらかなっていない。たとえば、食べ易くするためにギョーザをほぐすという行為を取ってみよう。ギョーザをほぐしている人は、もちろん自分はギョーザを食べるのだと思っているわけだ。しかしギョーザをほぐしている間、その人は自分の口、食道、胃、小腸、などを知覚してはいない。もし知覚していないものはあると信じないのなら、ギョーザをほぐしている間は自分に口や消化器官があることを信じていないことになる。ならば、そもそもなぜギョーザをほぐしているのか。口や消化器官がない自分に、ほぐしたギョーザが食べられると思っているのだろうか。おかしな話ではないか。

この時点で、分析哲学者はやはり浅薄で馬鹿なのだと思う読者の数が倍増するおそれがあることは否めない。しかし、あなたがその一人になる前に注意深く考えてほしい。ギョーザをほぐしている間、自分の口を実際には見ていなくても、見ようと思えば簡単に見られるのではないのか。確かにその通りなのだ。ならば、「知覚されていないものはあると信じない」ではなく、「知覚することができないものはあると信じない」と言うべきなのである。これもまた、言いたいことを正確に言葉にするためには、いかに細心の注意が必要かということを表す一例であるといえる。さて、実際に知覚されていなくても知覚可能ならばあると信じる、と言いたいわけだが、ここで「可能」とはどういう意味なのだろうと自問する読者がいるはずだ。あなたがそういう読者ならば、あなたはすでに分析哲学者の頭になりかけている。分析哲学に特に重要な概念のひとつに真理の様相という概念があるが、「可能」というのはその代表的な例なのである。

ギョーザをほぐしている最中は、目がギョーザに向けられているので自分の口を見てはいない。だが、左手で箸を持ってギョーザをほぐしながら、右手に鏡を持って自分の顔を映せば自分の口を見ることができる。実際に見ていなくても、見ようと思えば見ることは可能だ。この可能性の概念が真理の様相の概念なのである。なぜ「真理の」と言うかというと、一般的に可能性という概念は真理という概念に基づいて理解するのが一番スムーズだからだ。たとえば「私はギョーザをほぐしながら自分の口を見ている」という文をとってみよう。実際は鏡を使っていないので、現実にはこれは真ではない。だが、もし鏡を使っていたとしたら真である。つまり、この文は現実的には偽だが、可能的には真である。そういう意味で、現実性と可能性とは真理のふたつのあり方、つまり様相なのである。真理の様相にはもうひとつある。ふたたび例で説明しよう。「私がギョーザをほぐしている時、私はギョーザをほぐしている」という文は偽になりようがない。もし私がギョーザをほぐしていないならば、その時はそもそも私がギョーザをほぐしている時ではないので、「私がギョーザをほぐしている時、私はギョーザをほぐしている」という文の反証にはならない。その一方もし私がギョーザをほぐしていれば、その時、私はもちろんギョーザをほぐしているので、これも反証にはならない。どちらにしても、反証はありえないのだ。ということは、この文は偽になる可能性がないということである。そういう文を、必然的に真な文という。必然的に真な文が偽であるのは不可能であり、必然的に真な文の否定は必然的に偽な文である。この必然性という概念が三つ目の真理の様相の概念である。こういった真理の様相については、さらに第6章でくわしく話そう。

2の2．知覚できるものの説明

さて知覚に戻ることにしよう。問題の意見を可能性という真理の様相の概念を使って言い表せば次のようになる。「あるということは、知覚することが可能だということです。知覚が可能でないものは、あるとは信じません。」この意見に私たちは同意すべきだろうか。もう少し深く考えてみよう。

私はギョーザを食べようとしている。食べようとしているそのギョーザは皿の上にある、と私はもちろん信じている。ギョーザは皮と詰め物でできており、その皮と詰め物は調理された小麦粉や肉、野菜などでできている。そして、その調理された小麦粉や肉、野菜などは炭水化物、脂肪、たんぱく質、といった有機化学物質でできており、さらにそれらの有機化学物質は炭素をはじめ色々な元素の分子から成っている。肉眼では見えないこれらの分子のいくつかは強力な電子顕微鏡を使えば見えるけれども、それらを構成している原子の中の核を成すクワークは見ることができない。もし見ることが可能でないものは存在物として信じないと言うなら、クワークは信じないと言わねばならない。クワークを信じないなら、クワークでできている陽子も中性子も信じることはできないし、またそれらや電子などその他の見ることが不可能な素粒子でできている原子核、原子、分子も信じるわけにはいかない。つまり、ギョーザを構成している物質の存在を信じないということになってしまう。本当に私は、構成している物質の存在を自分が本気で否定しているようなものを食べようとしているのであろうか。もちろん、そうではない。「知覚可能でないものはあると信じない」と言う人も、実は自分自身心の底では本当にそう思っているわけではないのである。

しかし、話はここで終わらない。知覚できないものを、そもそもどうやって信じろというのか。知覚の可能性が存在を信じることの基準として受け入れられないのならば、ほかにどんな基準があるというのか。知覚の可能性は捨て去ってしまって、それとはまったく無関係の別の基準を探すべきなのだろうか。この問いかけに答えるために、クワークのことをもう一度考えてみよう。知覚できないクワークを私たちはなぜあると信じるのだろう。それは、知覚できる物（ギョーザ、ほうれん草のおひたし、チーズケーキなど）を分解してその性質を調べ、そのさまざまな結果を包括的かつ体系的に説明しようとした時、最終的にクワークの入った説明が一番うまくいくからである。

知覚できるものの属性やそれらのものに係わる現象を、知覚できないものに言及して説明するという この手法は、あまり小さくて見ることができないものに頼る説明だけに当てはまると思ったら大間違いである。たとえば、私がいつもの不器用さからギョーザのたれの入った小皿をテーブルの端から落としてしまったとしよう。その結果小皿は床へ落下して割れ、床に大きなたれの染みがついてしまう。この出来事は少しだけ私の不注意のせいだが、ほとんどは地球の責任である。というのも、なぜ床に染みがついたかということを徹底的に説明するには、私の不注意のほかに地球の重力に言及しなければならないからだ。その説明を要約すれば、おおまかには次のようになる。重力とは物体の存在によって引き起こされる空間のひずみに基づく力であり、物体の質量が大きければ大きいほど空間のひずみも大きい。大きな物体の近くにある小さな物体はそのひずみに沿って動く。テーブルという支えを失った小皿は、地球の存在によって引き起こされた空間のひずみに沿ってしばらく抵抗の少ない空気中を動いたあと、急に抵抗の大きい床に遭遇し崩壊した。そして、その際に転換された運動量の一部が小皿にのっていたたれを床一面に飛び散らした。すなわち、床の染みをきちんと説明するには、究極的には空間のひずみに言及することが必要なのだ。空間は知覚することができない。もちろん、それは空間がクワークのように小さすぎるからではない。それどころか、空間より大きいものは宇宙中探してもまずないだろう。

というわけで、存在を信じることの基準として「知覚できるもの、そして知覚できるものの属性や関係またはそれを含む現象を的確に、包括的に、そして体系的に説明するのに必要なものは存在すると信じてよい」という原則を掲げることができる。以下の章で、知覚され得ないものに言及しなければならない時、この原則をしっかり覚えておいてほしい。

2の3．分析哲学史的な補足

的確で包括的で体系的な説明が存在論でこのように中心的な役割を果たすということは、十九世紀末のアメリカの哲学者チャールズ・サンダース・パース（一八三九―一九一四）という哲学者が提案した「最良の説明への推論」というアイデアをわきまえればはっきり理解できる。パースによると、最良の説明を生みだす理論は真であると信じるに値する。私たちはものごとを説明したがる生き物であり、説明は真理への道なのである。なぜギョーザのたれが辛いのか。それは、たれの中に辛さを生み出す何かがあるからだ。そしてその何かの、何らかの化学的な性質が人間の味覚細胞に何らかの刺激を与え、その結果辛いという感覚がひき起こされるのだ。ここで大事なのは、その何かの化学的性質をうんぬんする前に私たちは、たれの中に辛さをひき起こす何かがあるはずだという考えを自動的に、ほとんど無意識のうちに抱かざるを得ないという事実である。説明のこの段階ですでに私たちは、その何かの存在にコミットしてしまっている。同じように、床のたれの染みを説明するにあたって空間のひずみに言及した時点で、すでに私たちは空間の存在にコミットしてしまっている。ものごとを的確、包括的かつ体系的に説明するには、なんらかの存在コミットが不可避なのである。もし私たちのできる限りで最良の説明が、これこれのものが存在するというコミットを余儀なくさせるのならば、私たちはそのものの存在を受け入れるべきである。

こういうパースのアイデアを存在コミットメント論としてさらに発展させたのが、前の章にも出てきた、同じくアメリカの哲学者W.V.クワインである。ものごとを的確に包括的かつ体系的に説明すれば、理論に到達する。一九四八年の有名な論文「存在するものについて」でクワインは、与えられた理論が何の存在にコミットしているかを決めるには、その理論を量化論理学という現代論理学の言語に翻訳して量化記号の領域をみればよい、と言っている。残念ながらここでは、前章でのフレーゲに関する歴史的事実のスケッチ以上に、量化論理学とは何かということを説明する余地はない。また、量化記号とは何かということを解説する暇もない。大事なのは、ものごとを本当にきちんと説明できる理論は、何が存在するかという問いに対しておのずから確固たる答えを内蔵しているということである。

第3章　「知っている」とはどういうことか

3の1. もっともで真な判断

北海道が九州より大きいということは誰でも知っている。だが、琵琶湖が淡路島より大きいかどうかは誰でも知っているとは言えない。ここで言う「知っている」というのはどういうことなのだろう。「知っている」が分かれば、「知らない」はその否定として理解できる。私は、北海道が九州より大きいということを知っている。あなたも、北海道が九州より大きいということを知っている。私とあなたに共通していることで、ふたりをこの知識の持ち主たらしめることとは一体何だろう。あきらかに、生まれや育ちは関係ない。北海道や九州に住んだことがあろうがあるまいが、行ったことがあろうがあるまいが関係ない。ただ少なくとも、北海道と九州のことを聞いたことがあるということは必要だろう。北海道と九州のことを聞いたこともない人(たとえばアイルランドのダブリン市のフィーニックス公園近くでお菓子屋を営むキャサリン・T・オブライエンさん)は、北海道が九州より大きいということを知っているわけがない。

もちろん、聞いたことがあるだけでは十分ではない。あなたは琵琶湖と淡路島について聞いたことはあっても、どちらが大きいか知らない(ということにしておく)。あなたに何が欠けているのだろう。それは、琵琶湖と淡路島の相対的大きさについての意見である。あなたは、琵琶湖が淡路島より大きいとも思っていないし、淡路島が琵琶湖より大きいとも思っていない。この事について、そもそも判断を下していないのである。判断のないところに知識はない。

もちろん、判断即知識というわけではない。たとえば、もしあなたが淡路島は琵琶湖より大きいという判断を下していたとしたらどうだろう。その判断は知識なのだろうか。淡路島の面積は六〇〇平方キロメートル以下である一方、琵琶湖の水面面積は六五〇平方キロメートル以上である。ということは、淡路島は琵琶湖より大きくない。だから、そういうあなたの判断はまちがっていることになる。まちがった判断が知識であるわけがない。知識としての判断は真でなければならないからだ。では、真の判断はすべて知識なのだろうか。

仮にあなたが、淡路島と琵琶湖の相対的大きさに関する判断を下すために、少々変わった手段をとったとしよう。サイコロを振って、偶数がでたら琵琶湖が淡路島より大きく、奇数なら淡路島が琵琶湖より大きいと判断しようと決めたとする。そしてサイコロを振ったら偶数が出たとしよう。その結果、あなたは琵琶湖が淡路島より大きいと判断する。ただ単にそうだというふりをするだけではなく、琵琶湖が淡路島より大きいと本当にしっかり信じるのである。サイコロで偶数が出たからといって、なぜ琵琶湖が淡路島より大きいと判断せねばならないのかは今のところ問わない。理由は何にせよ、とにかく、サイコロの出た目を根拠に琵琶湖が淡路島より大きいという結論に達したということにする。こういう設定のもとで、あなたは琵琶湖が淡路島より大きいということを知っている、と言うのは正しいだろうか。あなたの信じていることは偽ではない。琵琶湖は本当に淡路島より大きいのである。よって、知識は真でなければならないという条件は満たされている。だがしかし「あなたは琵琶湖が淡路島より大きいということを知っている」と言うのはどうもピンとこない。サイコロの介入が問題なのである。

では別のシナリオを考えてみよう。あなたは、近畿地方についてのレポートを書いている。地理科学学会の文献を調べている最中に、たまたま琵琶湖の水面面積と淡路島の面積の計測データを見る機会があり、その結果、琵琶湖のほうが淡路島より大きいと判断するに至ったとする。前のサイコロの場合と同じ判断を下したのである。しかし、前のシナリオのあなたとこのシナリオのあなたが、琵琶湖と淡路島の相対的大きさの知識に関してまったく同等だとは言えない。同じ真の判断をしているけれども、同等には扱えない。レポートのシナリオのあなたの判断はもっともな根拠に基づいているが、サイコロのシナリオのあなたの判断の根拠はもっともではない、まったく受け入れられない根拠である。地理の問題について地理科学学会のデータを拠り所にするのはもっともなことだが、振ったサイコロの目を拠り所にするのは全然もっともではない。サイコロのシナリオにおけるあなたの判断は、たまたま偶然正しかっただけである。ラッキーだったにすぎない。それは本当の知識とはいえない。もっともな根拠に基づいていない判断は、たとえ真であっても知識ではない。

というわけで、知識という概念の少なくとも三つの構成概念が明らかになった。判断、真理、もっともな根拠、の三つである。だが、これだけだろうか。ほかに構成概念はないのだろうか。じつは知識という概念はこの三つの構成概念だけから成っているのではない、という有名な議論がある。次にそれを見てみよう。

3の2. もっともで真な判断ではない

イギリスで出版されている哲学の学術誌に「アナリシス（分析）」というのがある。単刀直入で短い論文だけを載せることで有名な学術誌で、そこに載るのは短くて一ページ、長くても八ページそこそこという論文ばかりである。「アナリシス」に載った論文でもっとも有名なのは、現在アメリカのマサチューセッツ大学アマースト校の名誉教授のエドマンド・ゲティアー（一九二七—）という人の書いた「もっともで真な信念は知識か？」という論文である。（私たちが「判断」と言ったのをゲティアーは「信念」と言っている。）たった三ページのこの論文は一九六三年に発表され、二十世紀後半の認識論の大半を定義づけたと言えるほど大きな影響を持った。プラトンが二千三百年以上前にすでに指摘していたことを蒸し返したにすぎないと批判する人もいるが、仮にもしその通りだとしても、二千三百年以上の間まともに議論されなかった重要なトピックを再び哲学者たちの注目の的にしたという功績は否定できない。ゲティアーの極度に簡潔だがそれゆえ誤解されやすい論文を、飲み込み消化しやすいように少し味付けして和風に演出すると次のようになる。

K子とU子は、ふたりとも芸術家でお互いの親友でもある。ふたりは「真夜中の静寂」というテーマの展覧会に、それぞれ自分が作った作品を出品した。大々的な展覧会のオープニングのパーティーで、いったい誰が最高の名誉である丑三つ賞を受賞すると思うかと聞かれて、K子はU子が取ると答えた。それに加えて彼女は、パーティーに同席中のU子はハンドバッグの中にリンゴを持っているとも思っている。つまりK子は、丑三つ賞を取るのはU子であるという判断と、そのU子はハンドバッグの中にリンゴを持っているという判断を下しているのだ。さて、芸術家として優れているだけでなく論理学が得意のK子は、このふたつの判断から、ハンドバッグにリンゴを持っている者が丑三つ賞を取るという結論に達する。この推論の仮定になっているふたつの判断は、ちゃんとした証拠があるという意味で両方とももっともであるとしよう。（たとえば、U子がゴールデン・デリシャスをハンドバッグに入れるのを見たし、審査委員長がU子の作品を絶賛するのを耳にした。）だが事実はその判断どおりではなく、ハンドバッグにリンゴを持っているのは実はU子ではなくK子自身であり、丑三つ賞を取るのもU子ではなく実はK子であるとしよう。（U子はいったんハンドバッグに入れたゴールデン・デリシャスをすぐまた取り出して貪り食ってしまっていた一方、K子自身ジョナ・ゴールドを自分のハンドバッグに入れて家を出たのを忘れてしまっていた。審査委員長は、U子の作品を絶賛した後で見たK子の作品に完全に魅せられてしまった。）ということは、ハンドバッグにリンゴを持っている者が丑三つ賞を取るというK子の結論そのものは真だということである。しかも、K子のこの判断は、もっともな仮定から優れた議論で推論されているという意味で、それ自身もっともである。にもかかわらず、「K子は、ハンドバッグにリンゴを持っている者が丑三つ賞を取るということを知っている」とは言えない。ゆえに、もっともで真の判断は必ずしも知識ではない。つまり、「もっとも」、「真」、「判断」という三つの概念のみで「知る」という概念を分析することはできない。

ここで大切なのは、ハンドバッグにリンゴを持っている者が丑三つ賞を取るという判断と、K子が丑三つ賞を取るという判断とを混同してはならないということである。前者はK子の判断だが、後者はそうではない。K子は、「ハンドバッグにリンゴを持っている人が丑三つ賞を取るのですか」と聞かれたら「はい、そうだと思います」と答えるが、「K子さん、あなたが丑三つ賞を取るのですか」と聞かれたら同じ答えは出さない。よって、ハンドバッグにリンゴを持っている者が丑三つ賞を取るという判断は、K子が丑三つ賞を取るという判断と同一の判断ではない。また、実際ハンドバッグにリンゴを持っている者はK子なのであるが、もし仮にそれがK子でなくU子だったとしたら、K子が丑三つ賞を取るという判断は真でも、ハンドバッグにリンゴを持っている者が丑三つ賞を取るという判断は偽になる。よってまた、ハンドバッグにリンゴを持っている者が丑三つ賞を取るという判断は、K子が丑三つ賞を取るという判断と同一の判断ではない。ハンドバッグにリンゴを持っている者が丑三つ賞を取る、というK子の判断が真なのはラッキーな偶然にすぎないのである。

ゲティアーは例をふたつ挙げているが、丑三つ賞の例は、そのひとつ目を砕いて分かり易くしたものである。ふたつ目の例を同様にして見てみよう。K子はU子がエメラルドのペンダントを持っていると思う。例によって論理学に長けているK子はこの判断に基づいて、U子がエメラルドのペンダントを持っているかまたはI子が長野にいるかどちらかである、と推論する。前と同じように、この推論の仮定になっている判断はもっともであるとする。（カフェでU子がI子にエメラルドのペンダントを得意そうに見せているのを垣間見たことがある。）しかし、K子にはI子がどこにいるかに関して何の情報もない。長野にいるなどという判断を下す根拠は全くない。ただ彼女は、U子がエメラルドのペンダントを持っていると確信しているので、I子の居所にかかわらず、「U子がエメラルドのペンダントを持っているか、またはI子が長野にいるかどちらかである」は真だと思うわけである。そして前例と同様じつはK子は間違っており、U子はエメラルドのペンダントなど持っていない。（K子がカフェで見たペンダントは、友人からの借り物だった。）その一方、I子はじつはたまたま長野にいた。ということはつまり、U子がエメラルドのペンダントを持っているかまたはI子が長野にいるかどちらかである、というK子の判断は真なのである。しかも、もっともな仮定から優れた議論で推論されているので、それ自身もっともである。にもかかわらず、「K子は、U子がエメラルドのペンダントを持っているかまたはI子が長野にいるかどちらかである、ということを知っている」とは言えない。彼女の判断が真なのはラッキーな偶然にすぎないから。前の例と同じように、もっともで真の判断が必ずしも知識だというわけではないのである。

ゲティアーのこの論文が発表されるや否や、分析哲学の認識論者たちのほとんどが、もっともで真の判断は知識の十分条件ではないということの論文の主旨に賛同し、十分条件を求めて更なる必要条件の定式化を追求し始めたのである。その営みはゲティアー学として知られるまでに広く深く発展し、ゲティアー学者たちは今でも勤勉に研究を進めている。そのゲティアー学のハイライトを見ることにしよう。

ゲティアーの（和風の）例は、ふたつともラッキーな偶然性が大きな役割を果たしている。どちらの例でも、K子の結論の判断は、もっともであるにもかかわらずラッキーな偶然によってたまたま真であるにすぎない。「ラッキーで偶然的」という概念は「知る」という概念とは相容れない概念だということを、ゲティアーの例は示しているわけである。ということは、ラッキーな偶然性を排除すればいいのではないか。「知識とは、ラッキーで偶然的ではない、もっともで真の判断である」と言えばいいのではないだろうか。ゲティアーの例はこの改良された概念分析の反例にはならないのであるから。確かに、それはそうである。「知る」という概念を「判断」、「真」、「もっとも」、「ラッキーな偶然性の欠如」という四つの概念に分析することで満足して、店をたたむことはできる。しかし、「妻」という概念を「女性」と「配偶者」という概念で分析するだけでは満足せず「配偶者」をさらに分析せんと意気込む分析社会学者（という学者の範疇があるかどうか知らないが）のように、ゲティアー学者はこの段階で店じまいするには飽き足らず「ラッキーな偶然性の欠如」の分析に励むのである。

では、ラッキーな偶然性がないということは、どういうことなのであろうか。ゲティアーのふたつの例ではどちらにおいても、K子の推論は真でない仮定に依存している。U子が丑三つ賞を取る、U子のハンドバッグにはリンゴがある、U子はエメラルドのペンダントを持っている、という仮定はすべて偽である。それなら、知識を得るためには真でない仮定を使ってはならないという規定をすればいいのではないか、という提案をする読者がいるかもしれない。それはごく自然な提案であって、実際そういう主旨の論文を発表したゲティアー学者もいるくらいだ。だがその提案には問題がある。もっともな真の判断で、偽の仮定に基づいているにもかかわらず知識であるような例があるからだ。

今度は、K子はU子がリンゴをハンドバッグに入れるのを見ていないし、審査委員長はU子の作品のことについて何も言っていないとしよう。その代わり審査委員長は、K子に直接「K子さん、おめでとう。あなたが丑三つ賞の受賞者です」と言ったとしよう。これにK子はもちろん大喜び。あまり喜びすぎて委員長の言葉を「K子さん、おめでとう。丑三つ賞はあなたです」と聞きちがえたことに気づかない。そしてK子は次のように推論する。審査委員長が「K子さん、おめでとう。丑三つ賞はあなたです」と言った。審査委員長が「K子さん、おめでとう。丑三つ賞はあなたです」と言えば、K子が丑三つ賞を取る。よって、K子が丑三つ賞を取る。K子は喜ぶと何かが食べたくなる習性がある。そこで食べ物がないかとハンドバッグに手を入れたら、リンゴがあった。というわけで、ハンドバッグにリンゴを持っている人が丑三つ賞を取るという結論に到達する。K子のこの結論はもっともで真だが、それに至る推論の仮定のひとつ、すなわち第一番目の仮定が偽である。審査委員長は「K子さん、おめでとう。あなたが丑三つ賞の受賞者です」と言ったのであって、「K子さん、おめでとう。丑三つ賞はあなたです」と言ったのではなかったのだから。にもかかわらず、「K子は、ハンドバッグにリンゴを持っている人が丑三つ賞を取るということを知っている」ということは真なのだと言える。つまり、判断にラッキーな偶然性がないということは、その判断に達するために使われているすべての仮定が真であるということではないのだ。

よく考えてみれば、私たちがものごとを知る際、仮定していることの中に真でないことが全くないなどということはまずない。ちょっと見まちがえた、聞きまちがえた、考えちがえた、ということはしょっちゅうあることだ。まちがいが些細なことなら、それに基づいた推論で確立された判断が知識として認められることの邪魔にはならないのが普通である。K子の例で言えば、彼女の聞きちがいは、審査委員長がどういう言葉使いをしたかということに関してであって、審査委員長が誰が丑三つ賞を取ったと言ったかということに関してではない。この聞きちがいに基づくK子の仮定は確かに偽だが、もっともで真なK子の判断が知識かどうかという問題に関する限り、ささいな取るに足りない誤りなのである。だから、このまちがいにもかかわらず、K子はハンドバッグにリンゴを持っている人が丑三つ賞を取るということを知っている、と言えるのである。

ここで明らかに重要なのは「ささいな取るに足りない誤り」という概念である。どんな誤りがささいで取るに足りない誤りで、どんな誤りがそうでないかということを決めるのは容易ではない。「K子は誰が丑三つ賞を取るか知っているか」という問いに答えるにあたっては、K子のこの聞きちがいはささいで取るに足りない誤りだが、「K子は、審査委員長の彼女への発言が何音節から成っていたか知っているか」という問いに答えるにあたっては、同じ聞きちがいがささいで取るに足りない誤りだとは言えない。審査委員長の発言は本当は二十二音節だが、K子の聞きまちがいでは十八音節だったとしよう。そしてさらにK子は、自分が聞いた音節の数を頭のなかで数える際まちがいをして、四つの音節をそれぞれ二回数えてしまったとしよう。その場合、聞きちがいと数えちがいが丁度うまくかみ合って結果としては正しい「二十二音節」になり、それがK子の答えになるわけである。しかし、審査委員長の発言は二十二音節だというK子の真の判断は知識ではない。聞きちがいと数えちがいが丁度うまくかみ合ったのは、ラッキーな偶然だったからである。誤りがささいで取るに足りないかどうかということは、知識の候補にあがっている判断の内容に大きく左右される、ということがこの例でよくわかる。

ここでこれまでの分析結果をまとめてみると、「知るということは、ささいで取るに足りない誤り以外の誤りに依存する推論に基づかない、もっともで真な判断をするということである」ということになる。「知る」という概念が、「判断」、「真」、「もっとも」、「推論」、「基づく」、「依存する」、「ささいで取るに足りない誤り」という構成概念に分析されたのである。「知る」という概念についてさらに深く探求するには、これらの構成概念そのものを分析する必要があるが、ここではそうする余地はない。

今列挙したこれらの概念のほかに、「以外の」、「ない」、「ということ」などの概念も「知る」の分析に使われているではないかと言う読者がいるかもしれない。そう言う読者に私はこう言いたい。

「その通りです。そんな細かいことまでよく気がついてくれました。あなたは、もうすでに分析哲学者のような頭の動きになっています。その調子を崩さずに進みましょう。」この「以外の」、「ない」、「ということ」という概念は論理概念の範疇に含まれ、その分析は論理学の基礎をなすほど大事なものである。この三つの概念すべてを分析することは本書ではできないが、第4章で「ということ」について別の文脈で論じる機会がある。また第7章では、「以外の」の根底にある「同じ」という概念を掘り下げる。

「知るということは、ささいで取るに足りない誤り以外の誤りに依存する推論に基づかない、もっとも真な判断をするということである」というこの分析は、何かを知るためには推論をしなければならないと暗にほのめかしているわけではない。U子がエメラルドのペンダントを見て緑色を知覚するとき、「これは緑だ」という彼女の判断はもっともで真であり知識だが、それはある仮定から推論で導き出された結論ではない。たとえエメラルドであることや宝石であることに気づかないとしても、そしてまたK子のように論理的推論に長けていないとしても、正常な色彩知覚の能力がある限り「これは緑だ」というU子の判断は知識である。このような直接知覚による判断は、ほかの判断をくだすための仮定として使われることはあるが、ほかの判断からの推論の結果ではない。直接知覚による判断のほかの例としては、「これは丸い」、「この音は低い」、「これは酸っぱい」、「これは焦げくさい」、「これはなめらか（な表面）だ」などがある。

いま「これは緑だ」というU子の判断は知識であると言ったが、何を根拠にそう言えるのか、と疑問視する読者がいるかもしれない。そういう読者には私は逆に、どういう根拠でそう疑問視するのかと問いたい。真昼間の明るい太陽の下で、正常な色彩知覚能力のあるU子が目の前にじかにふつうのエメラルドのペンダントを見て率直に「これは緑だ」と判断するなら、「U子はそのペンダントが緑だということを知っている」と言える、というごく常識的で当たり前の立場を疑う根拠はいったい何なのか。「知る」という動詞は日本語のほかの色々な単語と共に、もともと常識的で当たり前な発話状況において発せられ、その意味が確立され学ばれているのである。そういう発話状況のそとに根拠を求めても、そんな根拠はありはしないのだ。前に出てきたヴィトゲンシュタインという哲学者が、一九五三年に出版された『哲学探究』という本で、このことを繰り返し言っている。日常言語から離脱して浮き上がった言葉の使い方を要求する哲学者は、哲学問題の解決に貢献するどころか、反対に問題をさらにややこしくしているにすぎない。言葉の意味とは究極的には、日常使われている自然言語のなかにのみ見出せるものであって、そのそとに言語の意味の基盤を求めるのはまちがいである。というヴィトゲンシュタインの主張は、彼がケンブリッジの学生だったころ流行っていたドイツ観念論哲学、そして同じ様にもったいぶった言葉使いに酔いしれる他の哲学流派にたいする痛烈な批判として広く受け入れられ、分析哲学の基本的な性格付けに大きく貢献した。ただ彼はそれにとどまらず、哲学の諸問題はそもそもそういう言葉の誤用のみから発生するものなので、誤用を正して日常言語に忠実な言葉の使い方に戻れば、それで哲学問題はなくなるのだとまで主張してしまった。二十世紀なかばに一時オックスフォード大学で人気が出たこの極端な主張は、今では擁護する分析哲学者はほとんどおらず、ヴィトゲンシュタインの勇み足だといえよう。

3の3．知っているということを知らない

（和風）ゲティアーの最初の例にもどろう。U子はハンドバッグにリンゴを持っており丑三つ賞を取る、と思っているK子は、ハンドバッグにリンゴを持っている人が丑三つ賞を取ると判断するが、この判断は、ささいでも取るに足りなくもない誤りに基づいているので、知識ではない。ここで、この例を大幅に変えてみることにしよう。K子は、ささいで取るに足りない誤り以外の誤りは犯していないとする。すなわち、K子が思うとおりに、U子は本当にハンドバッグにリンゴを持っており、本当に丑三つ賞を取るということにするのだ。前と同様、「ハンドバッグにリンゴを持っている人が丑三つ賞を取る」というK子の判断が真であることに変わりはない。この新しい例を「例その二」、変える前のもともとの例を「例その一」と呼ぼう。例その一とちがって例その二では、K子は、ハンドバッグにリンゴを持っている人が丑三つ賞を取るということを知っている。さてここで、U子が「どうしてそんなこと知ってるの」と聞いたとしよう、K子は何と答えるか。論理的にものを考えるK子は多分こう言うだろう。「U子がハンドバッグにリンゴ入れるの見たし、審査委員長がU子の作品す

ごく褒めてるの聞いたから。」つまり、「私は、ハンドバッグにリンゴを持っている人が丑三つ賞を取るということを知っている」というK子の判断は、「U子がハンドバッグにリンゴを入れるのを見た」と「審査委員長がU子の作品をたいそう褒めているのを聞いた」というふたつの根拠にもとづいている。このふたつの根拠は両方とも、もっともであり真である。ここまではいい。だが、例その二を例その一に比べてみると面白いことが分かる。それは、K子の観点からは、例その二は例その一から判別できないということだ。どちらの例でも、K子はU子がゴールデン・デリシャスをハンドバッグに入れるのを見たし、審査委員長がU子の作品を絶賛するのを聞いた。U子のハンドバッグの中のリンゴがそのままそこにあるかどうか、審査委員長が最終的にU子の作品を選ぶかどうかということは、K子の目や耳の届かない所で決まっている。ということは、例その二におけるK子にしてみれば、自分の置かれた状況が、ハンドバッグにリンゴを持っている人が丑三つ賞を取るということを自分が知っている状況であるのか、それともそれを自分が知らない状況であるのか定かではない。つまり例その二では、「私は、ハンドバッグにリンゴを持っている人が丑三つ賞を取るということを知っている」というK子の判断はもっともではないということなのだ。よって、それは知識ではない。K子は、ハンドバッグにリンゴを持っている人が丑三つ賞を取るということは知っているが、自分がそれを知っているということは知らない、ということになる。この結論が最終的に受け入れられるべきものかどうかを見る前に、同じような状況のもっと劇的な例をみることにしよう。

例その三として、次のような状況を考えてみる。K子は自分が今オープニング・パーティーで展覧会場にいると思っているが、実はそうではなく本当は自宅の寝室で寝ている。寝ているのになぜ展覧会場にいると思うのかというと、そういう夢を見ているからである。視覚芸術家である彼女の夢は、とても現実味があり細部まで生々しくて、起きている時の実際の知覚経験と区別できない。「真夜中の静寂」という展覧会に自分とU子が出品したとか、そもそもそういう展覧会があるとかいうことも夢である。例その二のK子は、自分を、そういう例その三の自分から区別することはできない。夢ならそこから覚めようと色々やってみても、そうすること自体、そしてその結果自体が夢の一部ではないとは言い切れない。なので、例その二のK子は、「真夜中の静寂」という展覧会があって、自分とU子がそこへ出品し、今その展覧会場にいるということを自分が知っているということを知らない。例その二がごく普通の状況の例だということを考えれば、これはかなりおもしろい分析結果である。日常におけるごく普通の知識の状況ではすべて、私たちは自分がこれこれだということを知っているということを知らない、ということになりそうだからである。それを強調するために、さらにもっとドラマチックな状況を設定しよう。

例その四。例その三と同じだが、K子は寝室で寝ているのではなく、知らないうちに誘拐され、あるきわめて特殊な実験の対象にされている。脳が頭蓋から取り出され、清潔な液体に満ちたプールの中に沈められて、この上もなく精巧で強力なコンピューターによる制御のもとに、あたかも普通に彼女の頭蓋の中にあって普通に機能しているかのごとく生存している状態にされているのだ。コンピューターはじつに綿密にプログラムされていて、このきわめてラディカルな手術のあとで目の覚めた、実際にはプールの中の脳であるK子の観点からは、誘拐される直前の自分の人生がそのまま普通に続いていて、いま自分が展覧会にいるかのように見えるのである。例その三の場合と同様に、例その二のK子は、自分を例その四の自分から区別できない。よって、例その二のK子は、自分はプールの中の脳ではないということを知っているということを知らない。「水槽の中の脳」として知られるこの思考実験は、ハーバード大学のヒラリー・パットナム（一九二六―）が一九八一年の『理性、真理、歴史』という著書でくわしく論じている。

ここでひと言注意しておきたい。「このような突拍子もない架空の話は実際に起きるはずがない。いかに医学とコンピューター科学の技術が発達しても、この話にあるように完璧に通常の経験をシミュレートすることはできるわけがない」と言う読者がいるかも知れない。そういう読者に私は同意する。確かに、こういうことは実際に起こることはまずないだろう。だがもしその読者が「だから、そういう話は哲学の議論のなかで使うべきではない」と言ったならば、私は断固反対する。現実に起こらないから哲学の議論で言及するな、と言う人は哲学の本質を誤解している。特に分析哲学が何かということを完全に誤解している。すでに見たように、分析哲学は概念の分析をする哲学である。例として「妻」という概念から始めた。自分が生んだ子供が百人いる女性配偶者を考えてみよう。もしそのような人物がいたとしたら、そのような人は妻であろうか。もちろん、妻である。「妻」という概念はその人に完全に当てはまる。そんな人は実際には今までいたことがないし将来もいることはないだろう、という事実はこれに関係ない。「妻」という概念は特定の子供の数を強いない、ということがこれではっきり示されるのだ。例その四はこれより少し込み入っているが、主なポイントに変わりはない。現実でないシナリオを思考実験として考慮し問題の概念の分析に役立てるのが分析哲学だ、というポイントである。化学者が化学物質を分析するために実験室で実験をするように、分析哲学者は概念を分析するために安楽椅子で思考実験をするのである。思考実験という哲学者の道具は、現代の分析哲学者だけが使っているものだと思ったら大間違いである。古代ギリシャで動きのパラドックスを論じたゼノンや、ソクラテスを主人公にした哲学的対話を書いたプラトンの議論は思考実験で満ちあふれているし、十七世紀フランスの哲学者ルネ・デカルト（一五九六―一六五〇）の著作『省察』では、とてつもなく非現実的な思考実験が根本的に重要な役割を果たしている。例その三と例その四は、じつはデカルトの思考実験から借りたものにほかならない。

では例に戻ろう。最後にもうひとつ究極的にドラマチックな例を見ることにする。例その五。K子には体も脳もなく、K子は単に知覚経験、思考経験、感情経験、などの集まりとしてのみ存在する。例その四では、コンピューターが入力する情報としての諸経験がプール内の脳において起きるのだが、例その五では、諸経験が脳とかほかの物体において起きるのではなく、それ自体でひとまとまりの経験の集まりとしてのみ起きる、というわけである。しいて言えば、K子は思いと感覚の経験のこもった実体としてのみ存在するというわけだ。これはかなり想像しにくいシナリオかもしれないが、もし無意味ではないシナリオだとすれば、例その二のK子は、自分をこのシナリオの自分から区別できないので、自分は体や脳を持っている物理的な実体だということを知っているということを知らないということになる。究極的にドラマチックなこの例は、じつはデカルトが好むシナリオなのだが、あまりに究極的にドラマチックすぎて良く調べてみるとじつは筋が通らないのだ、という意見が多い。この点に関しては、第5章で少し触れる機会がある。

ここまで読んで来て、洞察力の鋭い読者は次のことに気づいているかも知れない。例その二におけるK子が、その例の自分と例その一の自分との区別がつかないのならば、例その二における丑三つ賞受賞者と例その一における丑三つ賞受賞者との区別もつかないはずなので、例その二のK子は、ハンドバッグにリンゴを持っている人が丑三つ賞を取ると自分が知っているということを知らないどころか、そもそもハンドバッグにリンゴを持っている人が丑三つ賞を取るということさえ知らないのではないか。こうこうだという知識を自分が持っているということを知らないのみならず、こうこうだという知識そのものさえ持っていないのではないか。同様に例その三、四、五の考察からして、例その二のK子は、自分が展覧会場にいること、プールの中の脳ではないということ、そして物理的な実体だということさえ知らないのではないか。このかなりラディカルな懐疑論は、「知る」という概念についての私たちのこれまでの考察に何か重要なものが欠けているということを示唆するものである。それが何か、そしてこのようなラディカルな懐疑論にどう対処するかについては、第9章で別の角度から議論する機会がある。

3の4．分析哲学史的な補足

ゲティアー学の発展において、「知るということは、ささいで取るに足りない誤り以外の誤りに依存する推論に基づかない、もっともで真な判断をするということである」という分析に対抗する提案が、アメリカのラトガース大学の哲学者アルヴィン・ゴールドマン（一九三八―）によってなされている。ミシガン大学時代に出した一九六七年の「知識の因果説」という論文で彼は、「これこれの事実を知るということは、これこれの事実に適切な因果関係を持つ判断をすることである」という分析を提案している。例その一のK子の判断は、真だがラッキーで偶然的に真であるにすぎないので知識とはいえないということだったが、この「ラッキーで偶然的」ということをゴールドマンは、「適切な因果関係を持たない」ということとして分析しようというのだ。例その一とちがって例その二のK子の判断は、ハンドバッグにリンゴを持っている人が丑三つ賞を取るという事実と適切な因果関係にあるので、知識といえるわけである。この分析の明らかな核心をなす「適切な因果関係」という概念の分析もゴールドマンはおこたらないが、かなり込み入っているのでここでは、知覚や記憶に基づいた、妙に分岐しない因果連鎖とだけ言っておく。

ゴールドマンはまた一九七六年の論文「区別と知覚知識」で、ゲティアー学にもうひとつ別の議論を投げかけている。そこら中に張りぼての納屋が建っている地区があるとしよう。張りぼて納屋はとても良くできており、ちょっと見ただけでは本物の納屋と区別がつかない。そこをK子がたまたま車で通り抜けるとする。窓越しにちらっと外を見るといかにも納屋らしき建物が見える。その地区が張りぼて納屋だらけだということを知らないK子は、それが本物の納屋だと判断する。このK子の判断は知識だろうか。K子はその建物が納屋だということを知っている、と言えるだろうか。もちろん、もしそれがいくつもある張りぼての納屋のひとつなら、K子はそれが本物の納屋だということを知っているなどとは言えない。だが、たまたまそれが、その地区にある数少ない本物の納屋のひとつだとしたらどうだろう。その場合、K子の判断は真でないので知識ではない、とは言えない。と同時に、彼女の目に入ったのがたまたま本当の納屋だったというのは、ラッキーな偶然にすぎない。その地区の大多数の納屋らしき建物は、張りぼての納屋なのだから。この場合のラッキーな偶然性は、例その一の場合とちがって、適切でない因果関係として片付けることはできない。明らかにK子は建物を直接ごくふつうに見ているので、それが本物の納屋だという事実と彼女の判断のあいだの因果関係はまったく適切である。この場合のラッキーな偶然性は、因果関係うんぬんと言うよりも、その地区に張りぼての納屋があまりに多すぎるという事実によるものである。この事実があるので、自分の視覚経験のみに基づいた、自分は本物の納屋を見ているというK子の判断はもっともではないのだ。もちろん、張りぼての納屋のことを知らないK子は、自分のそういう判断がもっともでないということを知る由もない。

ゲティアー学の発展においてもうひとつ重要な提案がある。ウィスコンシン大学やスタンフォード大学で教え、今はデューク大学にいるアメリカの哲学者フレッド・ドレツキー（一九三二―）の、一九八一年の著書『知識と情報の流れ』に代表される「頼りになる方法」理論である。エメラルドのペンダントを見てそれが緑だと判断するときU子は、自分の視覚に頼っている。若くて健康な彼女の視覚は、ものの色に関して非常に頼りになる。その頼りになる視覚というメカニズムを使って「このペンダントは緑だ」という判断を下しているので、U子のその判断は知識だといえる、というのが「頼りになる方法」理論である。納屋の例では、K子の視覚は張りぼて納屋のはびこるその地区では頼りになる方法とはいえないので、たまたま真である彼女の判断は知識とはいえないのだ、ということになる。この理論と知識の因果説のあいだに密接な関係があるのは明らかだが、それが厳密にはいったいどういう関係なのかということになると、話が長くなるのでよそう。

最後に、懐疑論について文献をいくつか挙げておこう。懐疑論といえば、前に出てきたデカルトの『省察』が古典中の古典である。懐疑論のデカルト自身の克服方法は、神を持ち出すかなり屈折した議論によるので、今日ではあまり評判が芳しくない。分析哲学者による懐疑論のあつかいの先駆けは一九二五年のG．E．ムーアの論文「常識の擁護」だが、同じムーアによる一九三九年の論文「外在世界の証明」のほうが、自分の右手を目の前にかざして「ここに物体がひとつある」、つぎに左手をかざして「ここに物体がもうひとつある」と宣言し、「ゆえに、物体が少なくともふたつある」と結論するというパフォーマンスで有名である。また、カリフォルニア大学バークリー校のカナダ人哲学者バリー・ストラウド（一九三五―）による一九八四年の『哲学的懐疑論の意義』は、二十世紀後半以降の懐疑論に関する議論を語るのに欠かせない著書である。

第4章　「言っていること」とは何か

4の1．文と命題

「は哺乳類あるでK子。」これは日本語の単語から成っているが、ただ混ぜ合わされた単語のサラダにすぎず、日本語の文法に合った文ではない。日本語として全然意味をなさない。その一方、「K子は哺乳類である」はれっきとした日本語の文であって、ちゃんと意味がある。しっかり何かを言っている。ふつう私たちは、このような文についてこれ以上考えることはしないが、分析哲学者はそうではない。そこからさらに、「その、言っている何かとは何なのか」という問いかけをするのである。「何か」というのだからそれはなんらかの「物」かというと、そうでもなさそうである。その何かとは、「K子は哺乳類である」という文と「言っている」という関係でつながっている何かである。文法的にいえば、「言っている」という他動詞の直接目的語にあたる。つまり、「『K子は哺乳類である』という文は……を言っている」という文の中で「……」に入る言葉がさすものがその何かなのである。ではどんな言葉が「……」に入るのだろうか。もちろん答えは明らかに、「K子は哺乳類であるということ」である。つまり、その何かとは、K子は哺乳類であるということ、なのである。それは「物」ではなくて、「こと」なのである。この章では、そういう「こと」について考えてみよう。

日本語がわかる人なら誰でも、「K子は哺乳類である」という文が、K子は哺乳類であるということを言っているという事実は簡単にわかる。しかし、その文が言っていることそのものは、日本語がわからなければ把握できないわけではない。これがどういうことか説明するために、次の英文を例として挙げよう。「Keiko is a mammal」英語がわかる人は、この文が言っていることを把握することができる。日本語と英語が両方できる人は、このふたつの文が言っていることは同じだということがわかる。すなわち、「K子は哺乳類である」という文はK子は哺乳類であるということを言っており、「Keiko is a mammal」という文もK子は哺乳類であるということを言っている、ということがわかるのである。この当たり前の事実が、「言っていること」という概念の分析にとても役立つのだ。

日本語と英語が同じように流暢な人の、このような認識をどう記述すべきか丁寧に考えてみよう。そういう人は、まず「K子は哺乳類である」という文を理解する、つまり、その文が言っていることを把握する。次に「Keiko is a mammal」という文を理解する、つまり、その文が言っていることを把握する。最後に、初めに把握したものと次に把握したものが同じものであることに気づく。これを図式化するとこうなる。

「K子は哺乳類である」　↓　X

　　　　　　　　　　　　　　＝

「Keiko is a mammal」　↓　Y

矢印は「言っている」という関係を表し、XとYは日本語と英語の文がそれぞれ言っていることである。気付いた事実は、XとYが同一であるという事実だ。日英バイリンガルの人の認識を記述する一環としてこの図式を受け入れるならば、その一部であるXとYも受け入れなければならない。だがXとYはいったいどんな存在者なのか。これに答える前に、XとYにラベルを貼ろう。そうしないと、話がスムーズに進まない。単なるラベルにすぎないのだから、使いやすければ「ホタル」でも「用心棒」でも何でもいいのだが、一応確立された伝統というものがあるのでそれに従って、「命題」というラベルにしよう。文が言っていることを一般的に「命題」と呼ぼうというのである。右の図式の矢印は文と命題の関係を表している。つまり、「言っている」という関係は、文と命題のあいだに成り立つ関係なのである。Xはひとつの命題。Yもひとつの命題。XとYを合わせて数えても、依然としてひとつの命題というわけだ。「U子は哺乳類である」という文が言っていることをZとすれば、Zも命題であるが、X、すなわちY、とは別の命題である。ただここで、文が言っていることを「命題」と呼んでいい気になって、はしゃいでいてはいけない。それはただのラベルにすぎないからだ。「命題」というラベルが文の言っていることの本質を表現していると思ってそれ以上命題について考えないのは、生まれた子供に「良子」という名を付けて、それだけで良い子になるだろうと言って育児をしない親と同じくらい無責任なことである。

文と命題の関係は、町の地図とその町の関係に似ている。ひとつの町にふたつまたはそれ以上の数の地図がありうるように、ひとつの命題がいくつもの文によって言い表されることはありうる。同じ町の地図を作るのに色々な手法があるように、同じ命題を言うのにも色々なやり方があるのだ。日本語で言うのがひとつのやり方で、英語で言うのがもうひとつのやり方。クリンゴン語で言っても、その他の言語で言ってもいい。大まかな地図は狭い路地を正確に表せないように、適切な語彙に欠ける言語では繊細な概念を含む命題を正確に言い表すことはできない。たとえば、「U助は、粋でいなせな若者である」という日本語の文が言っている命題は、英語で正確に言えるかどうかあやしい。

では命題とはいったい何ものか。文が言っていることである、ということだけは既にわかっている。そもそもそれが命題の定義なのだから。その定義以上のことが知りたいのだ。命題は文が言っていることなのだから、文を詳しく調べれば命題についての何らかの手掛かりがつかめるはずだ、という仮定にもとづいて話を進めよう。もちろん、命題は文そのものではない。これは、XとYは同一の命題だが異なったふたつの文で言い表されている、という事実から明らかである。おなじ命題を言っているということ以外に、ふたつの文の共通点は何だろう。属する言語はちがう。文字も発音もちがう。だが論理文法の構造はどうだろう。日本語の文は「K子」と「は哺乳類である」から成っている一方、英語の文は「Keiko」と「is a mammal」から成っている。明らかに「K子」と「Keiko」には共通点がある。両方とも同じひとりの女性の名前であるということだ。

名前と、それが名前である人物とをきちんと区別することは非常に大事である。名前は単語だが、人は単語ではない。人は酸素を吸い込むが、名前は酸素を吸い込まない。K子はチーズケーキが好きだが、「K子」という名前はチーズケーキもチョコレートケーキも好きなわけではない。「K子」という名前は「K」で始まって「子」で終わるが、K子は何で始まるとか何で終わるとか言えない。しいて言えば、頭で始まってつま先で終わると言えるかもしれない程度である。人とその人の名前の区別は馬鹿馬鹿しいほど明らかかもしれないが、人以外のほかの種類のものの場合、ものとその名前の区別が忘れられることが驚くほどよくある。数と数字がそのいい例だが、数については第10章でみる機会があるので、ここでは触れない。「K子」と「Keiko」というふたつの名前は、K子という一人の人物を指す。つまり、K子がふたつの名前の共通項である。では、「は哺乳類である」と「is a mammal」についてはどうだろう。それぞれの名前が指す人物について、その人はこれこれであると言っている。そしてその「これこれ」は同じことである、すなわち哺乳類性という属性だ。名前の場合同様ここでも、「は哺乳類である」や「is a mammal」という言葉と、そういう言葉が表現している属性とをはっきり区別することが大事である。属性は言葉ではなく、言葉は属性ではない。「は哺乳類である」という言葉について知りたければ言語学者に聞くのが一番だが、哺乳類性という属性がどういう属性か知りたければ、生物学者に聞いたほうがいい。

さて、ここまでの話をまとめれば、問題のふたつの文には、K子という共通項と哺乳類性という共通項があるということである。それ以上のものはこのふたつの文には関係ないので、ふたつの文の共通点としての命題であるX、すなわちY、について調べるためには、K子と哺乳類性のコンビネーションについて調べればいいわけだ。さらに、ここでもうひとつ重要な事実を踏まえる必要がある。それは、文が言っていることは真だったり偽だったりするということだ。「クジラは哺乳類である」という文が言っていることは真だが、「モヤシは爬虫類である」という文が言っていることは偽である。だが、そもそも、文が言っていることが真である、とはどういうことなのだろうか。「K子は哺乳類である」という文が言っていることが真であるとはどういうことなのか。K子と哺乳類性のコンビネーションがどうなっていれば、Xは真なのか。答えは明らかである。K子が哺乳類性を持っていれば、そしてその場合にのみ、Xは真である。K子と哺乳類性のあいだに「持つ」という関係が成立するとき、そしてそのときにのみ、Xは真なのである。これをXの真理条件と呼ぼう。Xの真理条件が満たされた場合、そしてその場合にのみ、Xは真である。Xが真でなければ、Xは偽であると言う。ここでようやく私たちは、命題とは何かという問いの百パーセント正しい答えにたどり着く一歩手前まで来ている。この段階での答えは、「命題とは真理条件を持つものだ」である。この答えは九十パーセント正しい。残りの十パーセントを克服するには、命題を文からさらに厳密に区別せねばならない。

命題は真だったり偽だったりするものだと言ったが、それだけでは文と変わらない。文も真だったり偽だったりするからだ。「クジラは哺乳類である」という文は真だが、「モヤシは爬虫類である」という文は偽だ。ということは、文にも真理条件があるということである。「クジラは哺乳類である」という文の真理条件は何であろうか。それは明らかに、クジラが哺乳類性を持つという条件である。この条件が満たされているのでその文は真なのである。モヤシが爬虫類性を持つという真理条件は満たされていないので、「モヤシは爬虫類である」という文は偽なのである。K子が哺乳類性を持つという真理条件が満たされているので、「K子は哺乳類である」という文は真なのである。だが、K子が哺乳類性を持つという真理条件は、この文が言っている命題Xの真理条件とまったく同じである。クジラやモヤシに関しての文についても同様のことが言える。一般に、文の真理条件とその文が言っている命題の真理条件は同じなのである。これは、なぜだろう。それは、文が真であるとか偽であるというのは、その文が言っている命題が真であるとか偽であるということに他ならないからである。文の真理条件は、その文が言っている命題の真理条件として以外にはありえないからである。何も言っていない文は真でも偽でもない。文も、それが言っている命題も共に同じ真理条件を持つが、命題の真理条件のほうが基本的で、文の真理条件はそれに依存した派生的なものなのである。やっとここで「命題とは何か」という問いに対する百パーセント正しい答えが出せる。命題とは、派生的でなく基本的に真理条件を持つものである。

さてこれで命題とはどういうものかということは分かったが、命題はいったいどこにあるものなのだろう、という疑問が心に湧いている読者がいるにちがいない。こういう質問をしたい気持ちは分からないでもないが、この「どこにあるか」という質問は命題に関しては適切ではない。ちょうど、地面から空まで正確に何メートルの距離があるかと聞くようなものである。空は、地上からある特定の高さに位置する物ではない。命題は、ある特定の場所に位置する物ではない。ただ、地面からの距離のことをいうのが無意味だからといって空の存在を否定すべきでないように、どこにも位置しないからといって命題の存在を否定すべきではない。もちろん、命題は空と同じだと言っているのではない。違いは多々ある。たとえば、ある意味で空を見ることはできるが、命題を見ることはできない。命題は視覚の対象ではないのだ。(聴覚、嗅覚、味覚、触覚の対象でもない。この点では空も同じだ。)だが、第2章でみたように、知覚の対象でないからという理由で信じないのは良くない。知覚の対象になる属性や相互関係などをもっとも体系的に説明するために必要なものやことは、存在すると信じるに十分値する。命題は文の真理を説明するのに必要である。もし命題なしで文の真理を完全に説明することができたなら、命題を信じる理由はなくなるといっていい。実際に命題なしに文の真理を説明しようとする分析哲学者は少なくない。命題なしだといっても、文に真理条件がないというわけではないのだ。命題を介さずに文の真理条件を直接定義すればいい。「K子は哺乳類である」という文は、K子が哺乳類性を持つとき、そしてそのときにのみ真である、という具合に。ただここで問題なのは、命題を信じない分析哲学者は概して、空間に存在しないものは何も信じないということだ。ということは、この真理条件に出てくる哺乳類性という属性は空間のどこかに存在していない限り使えない、ということになる。哺乳類性を実体として個々の哺乳類動物から区別する限り、空間のどこかに位置づけることはむずかしい。哺乳類性を実体として認めないか、何らかの形で個々の哺乳類動物に付随させるかであるが、いずれの選択肢も容易ではない。まあ、それをどうこなすかは命題を信じない分析哲学者にまかせて、私たちは命題を積極的に受け入れて先へ進むことにしよう。

4の2. ケーキとお茶

「チーズケーキには、ウーロン茶がよく合う。」ここでは、この文が言っている命題の真理条件が満たされているかどうか、すなわちその命題が真かどうかは問わない。そのかわり、チーズケーキとウーロン茶について考えよう。なぜならば、「K子は哺乳類である」という文の主語がさすK子とちがって、チーズケーキやウーロン茶は、個々に存在するものとしてみると、少しばかり妙なところがあるからだ。「それがない人生は意味のない人生だ」という意見のほかに、チーズケーキについて何が言えるだろう。まず、チーズケーキはどこにあるのか。K子の目の前の皿の上にある。そのK子は、カフェのテーブルに向かって椅子に座っている。K子はそこ以外のところにもいるのか。もちろんいない。そこが彼女のいる唯一の場所である。では、チーズケーキはどうか。K子の目の前の皿以外の場所にもあるのだろうか。もちろんある。隣のテーブルの若いカップルのふたつの皿には両方チーズケーキがのっている。陳列ケースにもある。他のカフェやレストラン、パティスリ、個人の家など、チーズケーキはいたるところにある。同じことはウーロン茶にも言える。ウーロン茶は、K子のテーブルの上にも、隣のテーブルの上にも、他のカフェやレストラン、個人の家などいたるところにある。考えてみれば、これは妙な話ではないか。もしK子が同じように同時にあちこちに存在したとしたら、誰も気味悪がって近づこうとはしないだろう。（行く先々で彼女に遭遇するのは必至だろうが。）そもそも、別々の場所に同時に存在する女性がK子だという状況を、整合的に把握することはむずかしい。「K子」という名前の女性が二人いて、その一人がここにいて、もう一人があそこにいるというのではなく、K子という一人の女性がここと あそこに同時にいる、ということだからである。同一性については第7章で詳しくあつかうので、ここではこれ以上深入りしない。とにかく、「チーズケーキ」とか「ウーロン茶」という一般名詞が指すものと「K子」という固有名詞が指すものは、根本的にちがう本性を持ったものなのである。

チーズケーキと、チーズケーキの特定の一切れを混同してはいけない。ウーロン茶と特定の茶碗一杯のウーロン茶を混同するのも良くない。チーズケーキやウーロン茶は同時にあちこちに存在する。それに対して、チーズケーキの特定の一切れや、特定の茶碗一杯のウーロン茶はひとつの場所にしかない。K子と同じである。K子の食べようとしている一切れのチーズケーキは、K子の目の前の皿の上にしかない。こう言うと、次のように言う読者がいるかも知れない。「チーズケーキは人類のようなものだ。人類は同時にあちこちにいる。私の座っている椅子にもいるし、K子の座っている椅子にもいる。ひとりひとりの人間は、ちょうどチーズケーキ一切れ一切れのように特定の時間にはある特定の場所にしか存在できないが、人類はチーズケーキのようにそこら中に存在する。」こう言う読者は頭が鋭く、かなり分析哲学の考え方に慣れてきている読者である。それはうれしいのだが、ひとつだけ重要なことを忘れている。それは、個人個人の人間は、一切れ一切れのチーズケーキとは存在論的に非常に異なっているということだ。たとえばK子を例に取ろう。彼女は一人の人間である。彼女を半分に切ったら小さな人間が二人できるわけではない。死んでしまうので、人間の数はゼロになってしまう。ところがチーズケーキの一切れを半分に切れば小さなチーズケーキの二切れができる。その一つずつをまた半分に切れば、四切れができる。さらに切ればもっとできる。大きな一切れも小さな一切れも、一切れには変わりない。あまり小さくならない限り、この過程は続けることができる。これは、ウーロン茶の例を使えばもっと明らかである。茶碗一杯のウーロン茶をふたつの茶碗に分ければ、二杯のウーロン茶ができる。さらに、四杯、八杯と分けていくことができる。人間がそうはいかないのは生き物だからではないか、と思うかもしれないが、それは間違いである。たとえば、自転車は生き物ではないにもかかわらず、チーズケーキではなく人間と同じだ。一台の自転車を真っ二つに切れば小さな自転車が二つできるわけではない。もとの自転車は壊れてしまうので、自転車の数はゼロになる。

4の3. 名前でない主語

これまでは、K子やチーズケーキ、ウーロン茶などのものについて何か言っている文を見たが、何ものについてでもない文というのはないだろうか。夜遅くほかに誰もいないオフィスで、ひとり残業している人がいたとしよう。ようやく仕事が終わって電灯を消して帰ろうとすると、部屋の隅で何かが動いたのが見えたような気がしたので、再び電灯をつけたが、そこには何もない。ここで、電灯を再びつけるにあたってこの人の頭に浮かんだ「何かが動いた」という文を見てみよう。この文の主語は「何か」である。「何か」という単語は「K子」や「チーズケーキ」や「ウーロン茶」などの単語のように、ある特定のものを指すのだろうか。もしそうだとしたら、何を指すのだろう。その人が垣間見たのは、じつはこっそりオフィスに忍び込んでいた猫だったとしよう。その場合「何か」はその猫を指すのだろうか。いや、ちがう。その理由はこうだ。もし「何か」がその猫を指すならば、「何かが動いた」という文は「その猫が動いた」という文と同じこと（命題）を言っていることになる。だが、このふたつの文は同じことを言ってはいない。言っている命題の真理条件が違うからだ。「その猫が動いた」が言っている命題は、その猫が動いたという属性を持つとき、そしてそのときに限り真である。その一方、「何かが動いた」が言っている命題が真であるためには、動いたという属性を持つものが何でもいいから何かありさえすればいいのである。動いたという属性を持つものは実際にはその猫だったわけだが、そうでなくてもこの真理条件は満たされる。たとえば、動いたものがあなただったとしても、あるいは私だったとしても、動いたという属性を持つものがあるという真理条件は満たされる。さらに、もし猫もあなたも私も存在しなかったとしても、「何かが動いた」という文が言っている命題の真理条件はまったく変わらない。よって、「何かが動いた」という文が言っている命題の真理条件は、いかなる特定のものについての条件でもない。「何か」という主語は何も指してはいないのだ。「何か」という単語は「K子」や「チーズケーキ」や「ウーロン茶」といった単語とちがって、ものを指す名詞ではないのである。すべての文の主語がものを指す名詞であるわけではない、ということがこれで分かった。これを、昔からあるややこしい哲学の問題に応用してみよう。うまい解決が図れるはずである。

「丸い四角は丸い」という文をみる。まず気づくのは、もしこの文が偽だったら丸い四角は丸くないことになるが、それはありえない。なぜなら、丸い四角はふたつの属性を持っている。すなわち、丸いという属性と四角いという属性である。丸いという属性を持つものはすべて丸い。よって、丸い四角は丸い。というわけで、「丸い四角は丸い」という文は真である。さてここで、十九世紀まで王道であったアリストテレス論理学の伝統にもとづく論理文法によって、この文を考えてみることにする。それによると、この文は「丸い四角」という主語と「は丸い」という述語から成っていて、述語は丸いという属性を述べている。つまり、この文の真理条件は、主語が指すものが丸いという属性を持っているということである。この文が真であるということは既にみた。ということは、その真理条件は満たされているということだ。すなわち、主語はあるものを指し、そのものは丸いという属性を持っているということである。主語が指すものは丸い四角以外の何物でもありえない。よって、丸い四角は存在する。自己矛盾するものが存在する。この結論は受け入れがたい。これがややこしい問題なのである。

すでに何回か出てきたイギリスの哲学者バートランド・ラッセルは、自己矛盾するものの存在を認めるのは、現実が何かということについての壮健なセンスに反すると言って、この問題の源となるアリストテレス論理学の伝統にもとづく論理文法を拒否した。特に、「丸い四角は丸い」という文は「何かを指す名詞プラス述語」という論理構造を持っている、という主張に反対したのである。では、その文の本当の論理構造は何なのか。その答えは、私たちには既にあきらかなはずである。「丸い四角」という主語は何かを指す名詞ではなく、「何でもいいから丸くて四角いもの」という意味の名詞なのである。「丸い四角は丸い」という文は「もし何か丸くて四角いものがあれば、それは丸い」という論理構造なのであって、丸くて四角いものがあるということを仮定してはいない。この文は、多々ある図形のなかで丸くてしかも四角いものがあったとすればその図形は丸い、という真理条件を持っているわけだ。図形のなかで丸くて四角いものなどないが、もし仮にあったとしたらそれは丸い。なぜなら、FでGなものはすべて必ずFであるから。こういう具合にみれば、自己矛盾するものの存在を認めずに真理条件を満たすことができる。

4の4．それは私です

これまでは文が言っている命題のことを話してきたが、文の意味については特にふれていない。命題は真とか偽とかいえるが、文の意味は厳密には真とか偽とかいえない。ここでは、文が言っている命題が即その文の意味ではない、ということを示す例を見てみることにする。A子とI子が、四百メートル走のレースで抜きつ抜かれつ張り合って、ほぼ同時にフィニッシュ・ラインに到達したとしよう。その直後、正式結果を待つあいだにインタビューに答えてA子は「私が勝った」と言い、I子も同じく「私が勝った」と言ったとしよう。同タイムでない限り、両方が正しいことはありえない。だが、ふたりが発した文はまったく同じ文である。これはいかにして可能か。その可能性の体系的な説明はどうすべきなのか。

「私が勝った」というこの文には、二つ以上のことなった意味があるわけではない、すなわちその文は多義的ではない。それをまず確認しよう。文の多義性には二種類ある。ひとつは発音された語句の多義性に基づくものだ。たとえば、私があなたに「皿回しをする鳥がいる」と言って、あなたが「それ、ウソでしょ」と反応したとすると、あなたの文は多義的である。「それ、嘘でしょ」と「それ、鷽でしょ」のどちらにも取れるからだ。「ウソ」という発声音が多義的なのだ。もうひとつの種類の多義性は、文法構造にもとづく多義性である。「キジを追う犬と猿がぶつかった」という文がそのひとつの例だ。「犬がキジを追っていて、その犬と猿がぶつかった」と「犬と猿がキジを追っていて、その犬と猿がぶつかった」のどちらとも取れるからである。「キジを追う」が、「犬」だけに係るか「猿」にも係るかによるわけだ。「私が勝った」は、このどちらの部類にも入らない。つまり多義的な発声音を含むわけでもないし、異なった文法構造による解釈が可能なわけでもない。つまり多義的な文ではないのだ。よって一義的である。つまり、この文には意味はひとつしかない。だが、A子の発した「私が勝った」が言う命題の真理条件は、A子が勝利者性という属性を持つということであるのに対し、I子の発した同じ文「私が勝った」が言う命題の真理条件は、I子が勝利者性という属性を持つということである。A子とI子は同一人物ではないので、これらの真理条件は異なった真理条件だ。よってこれらの命題は異なった命題である。ふたりが発した文は、意味は同じだが言っている命題は別々だということなのである。

ひとつの意味とふたつの命題ということの関係を、もう少し詳しく調べてみよう。文の意味というのは、その文が、特定の発話の状況で発せられた時いかなる命題を言い表すことになるのか、ということを決定する役割を持っている。「私」という単語の意味によると、「私は（これこれ）である」という文は、特定の発話の状況において、その状況下での話し手に関して、その人が（これこれ）性を持っているという真理条件をもつ命題を言い表す。これがA子とI子の文に共通な意味なのである。この意味は、特定の発話の状況に関係なく一定である。どんな発話の状況においても、その状況下での話し手が勝利者であるということが真理条件であるということは変わらない。一方、言い表される命題は発話の状況によって変わる。A子の発話の状況においてはA子が話し手なので、「私が勝った」という文がその状況下で言っている命題は、A子が勝利者であるという真理条件を持つ命題であり、I子の発話の状況においてはI子が話し手なので、同じ文がその状況下で言っている命題は、I子が勝利者であるという別の真理条件を持つ命題なのである。

ここで、ひとつ非常に大事なことを指摘しよう。分析哲学者の助けなしには理論言語学者も気づかなかったことである。それは、「私」という言葉は「発話者」(「発話の状況下で発話をする者」)という言葉と同義ではないということだ。「私」も「発話者」も、特定の発話の状況下では発話者を指す。しかしだからといって意味が同じだということにはならないのだ。もし意味が同じだとしたら、文中で「私」を「発話者」で置き換えても文全体の意味は変わらないはずである。もし意味が変わらないのならば、発話者が変わらない発話状況すべてにおいて同じ命題を言い表すことになる。だが、明らかにそうではないのだ。「私は私ではない」という文を例に取ろう。私がこの文を発したとする。その発話の状況下ではこの文は、私と私は同一人物ではないという真理条件を持つ命題を言っている。この命題をPとしよう。もしこの発話の状況下で私が「私は私ではない」の代わりに「私は発話者ではない」という文を発したとすれば、そこで言われる命題は、私と発話者は同一人物ではないという真理条件を持つ命題になる。この命題をQとしよう。PとQは同じ命題ではない。なぜなら真理条件がちがうからだ。真理条件がちがうということを確認するには、一方が偽で他方が真であることは可能である、ということを示せば十分である。Pが偽で、Qが真であることは可能だということを示そう。私が黙ってA子の話を聞いているとしよう。その場合、発話者はA子だ。私は発話者ではない。もちろん、だからといって私が私でなくなるわけではない。私は依然として私である。つまり、私と私は同一人物ではないというPの真理条件は満たされていないが、私と発話者は同一人物ではないというQの真理条件は満たされているわけだ。すなわち、この状況下では、Pが偽でQが真なのである。私が黙ってA子の話を聞くということはもちろん可能である。ゆえに、Pが偽でQが真ということは可能である。

ここで重要なのは、A子が話していて私が黙って聞いているというこの可能な事態は、「私は私ではない」や「私は発話者ではない」という文を私が発している発話状況とは別物であるということだ。文の発話状況と、その文がその発話状況で言い表す命題の真理条件を満たす（または満たさない）可能な事態とをはっきり区別する必要がある。私が発話者であるような特定の発話状況下で私が発する文は、ある特定の命題（PまたはQ）を言い表す。そして、その命題の真理条件は、ある可能な事態においては満たされ、別の可能な事態においては満たされない。A子が話していて私が黙って聞いているという事態においては、Pの真理条件は満たされていないがQの真理条件は満たされている。図式で表せばこうなる。

発話状況：「私は私ではない」　　　　　→　P
発話状況：「私は発話者ではない」　　　→　Q
可能な事態：Pは偽、Qは真

というわけで、「私」と「発話者」は同義ではないということがはっきりした。しかし「私は話している」という文は、いつ誰が発しても決して偽にはなり得ないではないか。なぜだろう。それは、「私」という単語の意味によると、その単語が発せられる発話状況そのものが事態として、そこで言われる命題の真理条件を満たさずにはいられないからである。図式化するとこうなる。

発話状況J：「私は話している」　　　　→　R
可能な事態J：Rは真

発話状況Jにおいて「私は話している」という文が言っている命題Rの真理条件は、そのJという事態のもとで満たされている。「私」という単語の意味がそれを保証するからだ。「私は話している」という文は、ちょうど「私は発話者である」という文と同様、使われる度にその使われた状況のもとで真である。これは、「私」という単語と「発話者」という単語の意味は同じではないという事実と矛盾しない。

「私」という単語以外にも、発話の状況に深く関係する意味を持つ単語がいくつかある。「あなた」がそのひとつだ。「あなた」は、特定の発話の状況においてその発話の聞き手を指す。そのほかにも、「ここ」（発話がなされている場所）、「今」（発話がなされている時）などがある。「あなた」と「ここ」についての例をひとつ見よう。ある旅人が砂漠で迷子になったとする。へとへとになってたどり着いた道案内の標識を見ると、太い黒い文字で「あなたはここにいます」と書いてあったとする。その人はまず最初に落胆し、つぎに怒り出すことだろう。その憤りはもっともだが、標識の言っていることはまちがっていない。まちがいようがない。その標識の前に立ってそれを読む人は誰でも、その標識に真のことを言われているからである。「ここ」という単語は、任意の発話の状況下で、その状況における発話の場所を指す。同じように任意の発話の状況下で聞き手を指す「あなた」を加味してこの標識を解釈すれば、どういう意味でこの標識がまちがうはずがないと言えるのかが正確にわかる。人がこの標識の前に立ってそれを読むたびに、発話の状況が起こっているのだ。標識の立っている場所が発話の場所であり、それを読んでいる人が聞き手（読み手）なのである。発話の時間は、その人が標識を読んでいる時間。読み手がそれを読んでいる時にそれを読んでいる場所にいる、というのは偽になり得ないわけである。

「私」について、さらにもう少しだけ触れよう。この例では、発話人は標識を書いた者だが、発話の時間に発話の場所にはいない。だから、「私はここにいます」という標識は「あなたはここにいます」

という標識とちがって、発話の状況下で偽である命題を言い表すことが可能である。誰かが、「私はここにいます」という標識を作って「あなたはここにいます」という標識の横に立てたとしよう。後者の標識に腹をたてたばかりの旅人が、前者の標識に目を移してこう言ったとする。「『私』って誰？その人ここにいやしない。この標識、嘘ついてる。」そのとおりである。発話者、すなわち標識の製作者はこの発話の場所にいない。何百キロも離れた自宅でくつろいでいるかもしれない。発話者が発話の時間に発話の場所にいないというこの現象は、「留守番電話のパラドックス」として言語哲学者の話題にのぼったことがある。「私は今ここにおりません。伝言をお願い致します。」留守番電話のこのようなメッセージはいかにして真であることが可能か、という問題だが、ここで見たようにこれはパラドックスでも何でもない。メッセージの録音を発話と混同するから問題が起きるので、録音されたメッセージを、結婚式のスピーチをメモしたカードと同等であると見なせばいいのだ。金曜日に自宅の居間で、カードにスピーチを書くとする。そしてその二日後の日曜日に、結婚式の披露宴でそのカードを読みあげるとする。スピーチという発話行為は日曜日に披露宴の席で起こるのであり、金曜日に自宅の居間で起こるのではない。それと同じように、録音されたメッセージが流れる時に発話行為が起きる、と考えればいいのだ。ただ、披露宴でのスピーチとちがって留守番電話の場合は、メッセージを流すという発話行為が、じかに話している人間によって直接なされるのではなく、録音機をつうじて機械的に間接的になされているので、発話者と即座にやりとりができない。だが、だからといって発話そのものがなされていないということにはならない。発話者と即座にやりとりができなければ発話行為は行われていない、という主張には何ら根拠がないからだ。

「あなたはここにいます」という標識も、「私はここにいます」という標識と同様に、発話状況によっては偽であることを言い得るのではないかと言う読者がいるかもしれない。「あなたはここにいます」という標識が砂漠にあり、それがテレビで大きくライブ中継放送されたとしよう。そして、それを見たあなたがこう言ったとしよう。「私はそこにはいない。ここにいる。」この場合、あなたがテレビで標識を見ることがひとつの発話状況をつくると仮定すれば、「あなたはここにいます」という砂漠の標識は、あなたが砂漠にいると言っているのではないのか。そしてもしそうなら、言っているそのことは明らかに偽ではないのか。これはかなり面白い観察だが、その仮定がまちがっている。あなたがテレビで標識を見たからといって、発話状況が生まれたということにはならない。たとえば、公園で男女のカップルが話をしているとしよう。そして、たまたま通りかかった私に、その会話の言葉がはっきり聞こえてしまったとする。その場合もし私が、その言葉を私に向かって言われたものと解釈したとしたら、それは明らかにカップルの発話行為を誤解している。そのカップルはお互いを聞き手として話しているのであって、たまたま通りかかった人など意中にない。私は聞き手ではないのだ。これと同じように、あなたがその標識をテレビで見るというだけのことで、あなたを聞き手とした発話状況が生み出されるわけではない。その標識を作ってそこに立てた人は、標識が立っている所にやって来てそれを読む旅人を聞き手として意図しつつ標識を作りそこに立てたのである。盗み聞きしても、私たちが今ここで言う意味での聞き手にはなれない。

もちろん、「ここ」が発話者を中心とした半径五十メートルの円の内部を指すような発話状況において「あなたはここにいます」という文を百メートル離れた聞き手に向かって拡声器で発話すれば、偽である命題を言い表すことができる。標識についての右の考察は、これを否定するものではない。「私」が「発話者」と同義でないのと同じように、「あなた」、「ここ」、「今」は、「聞き手」、「発話の場所」、「発話の時」と同義ではない。興味のある読者には、宿題としてそれを証明してみることを薦める。

4の5．プライベートな言葉

楡の木とブナの木の区別がつかない人がいる。A子がそうだとしよう。植物にうといA子には、楡とブナが同じに見える。どちらも檜や松とはちがうとは分かるが、楡とブナのあいだの区別がつかない。そのA子がこう言ったとしよう。

楡とブナは同じ木ではなく何らかの違いがあることは知っているが、私にはその違いがわからない。ほかの木との違いはわかるが、相互の区別が全くつかない。つまり、私の中では「楡」と「ブナ」というふたつの単語には意味の違いがない。同義語だ。植物学者にとっては「楡」と「ブナ」は明らかにちがう意味を持っており、それが本当の日本語の意味だということは認める。だが私が言う時「楡」という単語は、そういう本当の日本語の「楡」の意味ではなく、私だけのプライベートな意味を持っている。いわば、本当の日本語の「楡」の意味と「ブナ」の意味の共通点だけを取ってまとめたような意味だ。だから私が「楡」と言ったら、その時の私の言葉を本当の日本語の意味での「楡」と解釈するのはまちがっている。私の意味するのは、本当の日本語の意味では「楡」でも「ブナ」でもないからだ。

こう言うA子はまちがっている。A子は、自分には楡とブナの違いがわからないから、自分が使う「楡」と「ブナ」というふたつの単語は意味に違いがないと言う。しかし、それはおかしい。「楡とブナは同じ木ではなく何か違いがあるが、それが何か全くわからない」とA子が言う時、彼女が使っている「楡」と「ブナ」という単語は、本当の日本語で言う楡とブナのことを指しているはずだ。なぜなら、そうでなければ彼女のその文は偽になるからだ。本当の日本語で言う楡とブナの間には違いがあるが、A子が自分のプライベートな言語と称する言語における「楡」と「ブナ」という単語には意味の違いがない。よって、その後者の言語で「楡とブナには違いがある」と言うのは偽である。すなわち、楡とブナには自分にはわからない違いがあるということを認めた段階ですでにA子は、本当の日本語の意味で「楡」と「ブナ」という単語を使っていることになるのだ。自分だけのプライベート言語というものが仮に原理的に可能だとしても、この場面ではそれは妄想にすぎない。A子が楡とブナというふたつの木の種類を区別できないからといって、「楡」と「ブナ」というふたつの単語が、彼女の口から発せられたというだけで同じ意味になるわけではないのである。

ということは、もしA子が特定の木を指差して「これは楡の木だ」と言った場合、その木が楡でなくてはA子の言った命題は真ではないということだ。ブナだったら偽だということだ。もちろんA子自身にはその木が楡かブナかわからないので、自分が言った命題が真か偽かわからない。

ただしかし、その木は楡だという命題と、その木はブナだという命題の区別ができないA子にも区別できるふたつの命題がある。それは、楡という木とブナという木についての命題ではなく、「楡」という語と「ブナ」という語についての命題である。その木には「楡」という語があてはまるという命題と、その木には「ブナ」という語があてはまるという命題は、A子にも明らかに区別できるふたつの命題である。楡とブナの区別はできないA子だが、「楡」という語と「ブナ」という語は簡単に区別することができる。前者は漢字で書かれ「に」という音で始まるのに対し、後者はカタカナで書かれ「ぶ」という音で始まる。明らかに違うふたつの語なのだから。ならば、A子が「これは楡だ」と言う時、じつは「これには『楡』という語があてはまる」と言っているにすぎないのではないか。もしそうだとすれば、「楡とブナには違いがあるが、私にはその違いがわからない」というA子の発言は、彼女自身のプライベート言語の主張に対する反論に逆用されることはないのではあるまいか。『楡』という語のあてはまる木と『ブナ』という語のあてはまる木には違いがあるが、私にはその違いがわからない」と解釈できるからである。楡という木についてあれこれ言うことを「オブジェクト言語の話法」、「楡」という語についてあれこれ言うことを「メタ言語の話法」という。前者は単語や句、節といった言葉が指すものやことについて話すことであるのに対し、後者はその単語や句、節といった言葉そのものについて話すことである。プライベート言語というA子のアイデアは、オブジェクト言語の話法からメタ言語の話法へ移ることによって擁護できるのだろうか。

擁護できない。ポーランド生まれのアメリカ人でカリフォルニア大学バークリー校で三十一年間教鞭を取っていたアルフレッド・タースキー（一九〇二―一九八三）という論理学者は、それまで文学的にしか扱われていなかった「真理」という概念を論理学的に分析し、論理哲学、言語哲学、形而上学の基盤構築に計りしれない貢献をした。満足のいく真理の理論が満たすべき条件として、タースキーが定式化した「規定T」というのがある。

……とき、そしてそのときにのみ、「……」は真である。

この規定Tの中で、二ヵ所の点々の部分にはひとつの同じ日本語の文が入る。いかにもポーランド出身らしいタースキー自身による例をあげよう。

雪が白いとき、そしてそのときにのみ、「雪が白い」は真である。

規定Tは文とその真理条件に関する規定だが、それを述語とその適用条件に関する規定として定式化し直せば、次のような規定が得られる。

任意のXについて、Xが……とき、そしてそのときにのみ、「……」はXにあてはまる。

点々を「楡である」で置き換えれば、こうなる。

任意のXについて、Xが楡であるとき、そしてそのときにのみ、「楡である」はXにあてはまる。

もしA子が、その木は楡であると言っているのではなく、「楡である」という語があてはまると言っているだけだとしよう。すなわち、A子は「楡である」がその木にあてはまると主張しているにもかかわらず、その木が楡であると主張することは拒んでいるということである。満足のいく真理の理論が満たすべきタースキー式の右の条件によれば、このA子の立場は自己矛盾している。なぜならこの条件によれば、もし「楡である」がその木にあてはまるのならば、その木は楡である。よってA子は、その木は楡であるという主張にコミットしているにもかかわらず、その木が楡であると主張するのを拒んでいるということになるからだ。タースキー式の条件を否定すればこの自己矛盾は避けられるが、タースキー式の条件は余りにもっともすぎてとても否定できるものではない。

4の6. 分析哲学史的な補足

文と命題をはっきり区別し、現代論理哲学、言語哲学の基礎を築いたのは他ならぬフレーゲとラッセルである。フレーゲの一八七九年の著作『概念表記』はアリストテレス的論理学から決別する画期的な論理学の著作であると同時に、文学的、社会科学的、あるいは心理学的なアプローチとはまったく違う、概念的に厳密な方法で言語の現象を分析する土台を与える非常に重要な著作である。一八九二年の論文「意味と指示対象」では、「フレーゲのパズル」として知られる意味論の問題に独自の解決案を提唱した。ふたつの異なった「意味」の概念を体系的に理論化したこの提案は、「フレーゲ主義」として今なお広く擁護、論議されている。ラッセルは一九〇三年の『数学の原理』という本で、フレーゲの理論と共通点は多いが重要な相違点もある独自の命題理論を提唱した。また、「丸い四角は丸い」に関する問題の解決は、一九〇五年の論文「指示について」で披露している。二〇〇五年に出版百周年の行事が世界各地でおこなわれたほど有名なこの論文は、英語の定冠詞「the」の画期的な分析だけでなく、命題構造についての広い論証を含む。

命題と意味のちがいを明らかにしたのは、カリフォルニア大学ロサンゼルス校のデイヴィッド・カプラン（一九三三—）である。一九一八年に出版されたフレーゲの「思考」という論文に根ざすアイデアを、体系的に論理的厳密さをもって発展させたのがカプランで、一九七八年の「指示代名詞の論理について」と「あれ」が主な論文である。

楡とブナの例は、前にも出てきたパットナムの一九七五年の論文『「意味」の意味』から取ったものである。「赤面して告白するが、私には楡とブナの区別がつかない」という一節で有名なこの論文でパットナムは、「水」、「アルミ」、「楡」などいわゆる自然種をさす単語の意味は話し手の頭の中にあるのではない、という「意味の外在主義」の発端になる議論をしている。その議論では、「双子地球」という概念が中心的役割を果たすが、それについては第6章で話す機会がある。

第5章 心あるもの

5の1．心とぼた餅

宇宙に存在するほとんどすべてのものから私たち人間を区別する事実は何か、と聞かれたら多くの人は「心を持っているということ」と答えるだろう。そういう人間の代表として八歳の女の子を例にとって考えることにする。その子をE子と呼ぼう。E子には心があるが、E子の家の庭にある大きな岩には心がない。こう言う時、私たちはいったい何を言っているのだろう。「心がある」とはどういうことなのだろう。

「……がある」という言い回しには、大きく分けてふたつの用法がある。例示すれば、「棚にぼた餅がある」と「子供に熱がある」のふたつだ。まず最初の例から見てみよう。棚にぼた餅があるというのは、棚の上にぼた餅がのっているということである。それが真であるためには、最低ふたつのものが存在する必要がある。棚とぼた餅だ。そして、このふたつのものが特定の関係にあることが必要である。すなわち、両者は接触していて前者が後者より地球の重心に近い、という空間的関係だ。もし「E子に心がある」が「棚にぼた餅がある」と同じように分析されるべきならば、E子に心があるためには最低ふたつのもの、すなわちE子と心、が存在し特定の関係にあることが必要だと言わねばならない。おてんばだが明るくてやさしいE子は確かに存在するもの、実体である。では心はどうだろう。E子の心はそれ自体存在するものとしての実体であり、E子と特定の関係にあるのだろうか。

E子の心は、もし実体だとすれば、棚やぼた餅やE子とはかなり異なったものである。棚もぼた餅も知覚できる。見たり、さわったり、味見したりできる。E子も同じだ。見たり、聞いたり、触れたりできる。しかしE子の心は実体として知覚できない。見ることも、嗅ぐことも、触ることも、味を見ることもできない。「それはそうかもしれないが、聞くことはできる」と主張する読者がいるかもしれない。E子が「象は鼻が長い」と言うときE子の心が聞こえる、と主張するかもしれない。だが残念ながら、そういう主張をするのはこの時点の議論においては勇み足である。この時点では、心が実体として本当に存在するかどうかを考えるに当たって知覚可能性という基準を持ち出しているのであるから、心が直接知覚できなければこの基準で心を実体として認めるわけにはいかない。E子は直接知覚できる。ビデオやオーディオのレコーディングを通じて間接的にも知覚できるが、生身でちゃんと直接知覚できる。だが、心という実体がなかったらE子の言葉が聞こえなくなるわけではない。直接聞こえるE子の声がなくなるわけではない。仮に心という実体があったとしても、それはE子の声を通じて間接的にしか聞くことはできない。いずれにしても、直接知覚による存在の基準によって心の存在を確認することはできない。

だが第2章で見たように、直接知覚できないからといって存在しないと決めつけることもできない。直接知覚できるものを体系的に説明するのに必要なものの存在は認めるべきであるからだ。では、実体としての心は、直接知覚できるものを体系的に説明するのに必要だろうか。直接知覚の対象で、その体系的説明がE子の心の実体としての存在を要求するものがあるだろうか。もっとも有力な候補者は、E子の言動である。「象は鼻が長い」と言って動物図鑑の象のページを開いて見せるE子の、発話と行動をちゃんと説明するためには実体としての心の存在を設定しなければならない、という主張を見てみよう。実体としての心を必要とする説明とはどんな説明なのだろうか。E子が「象は鼻が長い」と言うのは、E子が象は鼻が長いと思っているからだ、という説明は正しいかもしれないが、E子の心を実体として仮定してはいない。「心」という単語さえ使われていないではないか。

では次のような説明はどうだろう。E子が「象は鼻が長い」と言うのは、E子が象は鼻が長いと思っているからであり、E子が象は鼻が長いと思うのは、E子の心がそういう思いを抱いているからだ。この説明が前の説明に付け加えているのは、象は鼻が長いというE子の思いは、E子の右肩でも左足でも心臓でも肝臓でもなく、心という実体が特定の状態にあるという事実による、という主張である。E子という実体は数多くの部分から成っている実体であり、その数多くの部分のひとつに心という部分がある。そして、E子がどんな思いを持っているかということは、その部分がどんな思いを抱いているかによって決まる。動物図鑑を開いて見せるというE子の行動も、同じような説明を与えることができる。まず心というE子の部分が、鼻の長い象の写真を見せたいという望みを抱く。それでE子自身、そういう望みを持つことになる。そしてその望みを叶えるために、動物図鑑を開いて見せるという行動をとる。こういう説明は即座にまちがっているとは言い難いが、明瞭でない点がふたつある。

そのひとつは、E子の心の状態とE子自身の状態の関係である。E子が象は鼻が長いと思っている時、E子の心も象は鼻が長いと思っている。ということは、象は鼻が長いと思っている実体がふたつあるわけだ。そのふたつの実体の思いがいかにして密接に結びついているのか。心がそう思っているからといって、なぜE子自身がそう思うことになるのか。同じことは、鼻の長い象の写真を見せたいという望みについても言える。そういう望みを抱く実体がふたつあるわけだが、心がそうしたいからといってなぜE子自身がそうしたいということになるのか。

この問いの答えは、じつは簡単である。心以外のE子の部分の例から始めよう。E子には脈拍がある。E子自身にである。一分間に百だとしよう。E子の心臓は定期的に収縮拡張する。一分間に百回の鼓動だ。E子の脈拍数と、E子の心臓の鼓動数のあいだには深い関係がある。同一性という関係である。E子の心臓の鼓動数イコールE子の脈拍数なのだ。もっと言うと、E子の脈拍数が百だという事実は、E子の心臓の鼓動数が百だという事実以外の何ものでもないのだ。E子とE子の心臓は同一の実体ではないにもかかわらずである。それとまったく同じように、E子が象は鼻が長いと思うという事実は、E子の心が象は鼻が長いと思うという事実以外の何ものでもないのである。同様に、E子が鼻の長い象の写真を見せたいと望むという事実は、E子の心が鼻の長い象の写真を見せたいと望むという事実以外の何ものでもない。E子とE子の心は同一の実体ではないにもかかわらずである。心臓の場合も心の場合も、E子自身の状態がこれこれであるという事実は、E子の特定の部分がこれこれの状態であるという事実以外の何ものでもないのだ。

次に、明瞭でない点のふたつ目をみよう。E子の心はE子の部分であると言った。それはE子の右足や心臓がE子の部分であるのと同様だと言った。しかし、右足や心臓と心との間には決定的なちがいがひとつある。右足や心臓はE子の物理的な部分だが、心はそうではない。E子の物理的な部分をすべて列挙したとしても、心はそのリストには載っていない。「脳があるではないか」という読者がいるだろう。確かにある。だが「E子には心があるが、岩には心はない」と言うとき私たちは、「E子には脳があるが、岩には脳はない」と言っているのだろうか。そうではないという理由が、ふたつある。ひとつは、「脳があれば脳がある」は百パーセント確かだが「脳があれば心がある」が真だという保証はない、ということだ。ウナギには脳はあるが、心はあるのか。あるかも知れないし、ないかも知れない。色々と詳しく調べればわかるかも知れないが、調べなければわからない。だが、ウナギに脳はあるが脳はあるか、という問いの答えを出すためにはそんなに調べなくてもいい。脳があるのを確認するだけでいい。「岩には心はない」と言うとき私たちは、岩に脳がないことを確認しただけでそれが真だと百パーセント確信できるような命題を言い表しているのではない。

「心がない」と言うのは「脳がない」と言うのと同じことではない、という理由の二つ目は、解剖学に無知な人でも心についてまともに語ることができる、という事実である。脳について何も知らない人でも、E子は何かを感じたり、思ったり、望んだり、願ったりするということを理解できる。そして、もし岩が感じたり、思ったり、望んだり、願ったりできるとしたら脳なる器官があるなしにかかわらず岩にも心があることになる、という主張も理解できる。かつて、人間には脳という器官があるということを世界中誰一人として知る者がない時代があった。人体科学の進歩につれて、やがて脳が脳として発見されることになるが、その時点でもまだ脳の機能は全体としての心と関係づけられてはいなかった。アリストテレスでさえ脳を心の住みかとは思っていなかった。にもかかわらず、彼ほど心について深い洞察力を示した人物は、当時だけでなく今日でも数多いとはいえない。「心」という概念と「脳」という概念はふたつの別々の概念だということは、脳が心の機能の多くを司るという事実が経験科学による発見であって言葉の定義によるものではない、ということからも明らかである。脳の詳しい働きを調べてそれが心の機能と深い関係があるということを発見することは、まず知識のない状態から始まる。それは、脳が人体機能に果たす役割は何かまだ知らないという状態である。そしてその役割を知ろうと科学的な観察や実験をし始める。もちろん、この時点ですでに「脳」という概念はある。研究対象が脳であるということは分かっているからだ。だが、研究対象が心であるということは、その段階ではまだ分かっていない。それは研究の結果初めて分かることだからだ。よって、「心」という概念は「脳」という概念とは異なる概念である。

(分析哲学を少しかじったことのある読者なら、「心」という概念が「脳」という概念と違うからといって、心という実体が脳という実体と同一ではないということにはならない、と反論するかもしれない。それは実にいい反論である。だが、「Bではないからといって、Cではないということにはならない」という議論は「Cである」という主張を確立しはしない。この反論の推進力になっている背景の意見は、目下進行中の「棚にぼた餅がある」式の考察の次にやる「子供に熱がある」式の考察のなかでちゃんと尊重されることになるので、ここでは辛抱してほしい。)

心が脳でないのなら、いったい何なのだろう。E子の物理的な部分で脳よりいい候補者はないので、もし心が実体だとしたら、それはE子の物理的でない部分だと言わねばならない。つまり、E子は身体という物理的な部分と、心という物理的でない部分とから成っている実体だ、というわけである。物理的な部分がお互いにどういう関係にあるのかは比較的あきらかだ。心臓は肺に囲まれ、両者は血管でつながっている。心臓は酸素がなくなった血液を肺に送り、酸素が充満した血液を肺から受け取る。心臓と肺の関係は、物理的関係以外の何ものでもない。(化学的関係や生理学的関係も、広い意味での物理的関係であると言おう。)E子のそのほかの物理的部分の間の諸関係も、すべて物理的関係である。物理的でない心は、いったいどうやってそういう物理的な部分と関係をもつことができるのか。残念なことに、物理的関係をもつことはできない。たとえば、心が肝臓の重心の前方三ミリに位置するなどと言うことは意味をなさない。物理的でないものが物理空間に位置を占めるということが、そもそも意味をなさないからである。肝臓でなく、脳でも同じだ。心が脳の中たとえば松果体に触れて存在する、と言うのも同様に意味をなさない。単に偽だというのではなく、文字通り無意味だということである。(デカルトは、心は物理空間に広がりを持たない実体だが、脳の松果体と何らかの形で接する実体であると主張した。松果体と接するということは物理空間に位置をもつということだが、物理的広がりを持たなければ、その位置はゼロ次元の点でしかありえない。心はゼロ次元の点で松果体と接する物理的広がりをもたない実体だ、というこのデカルト的主張は無意味ではないが、人をあきれてものが言えなくさせる効果はある。)

E子の心は、なぜE子の物理的部分と何らかの関係をもたねばならないのだろうか。全然関係がないとしたら、何かまずいことでも起きるのだろうか。起きるのだ。棚と特定の関係にあるぼた餅が心のモデルとして利かなくなる、というだけではない。E子は、長い鼻の象の写真を見せたいと望む。だから動物図鑑を手に取って、象の出ているページを開く。これは、E子の望みがE子の身体の動きを引き起こす一例である。E子がこの望みを持つという事実は、E子の心がその望みを持つという事実以外の何ものでもない。すなわち、E子の心のこの特定の状態がE子の身体の動きを引き起こすわけだ。心が身体の動きの原因になっている。その逆もよくあることだ。E子のやんちゃな弟が動物図鑑でE子の頭をぶつ。その結果E子は痛みを感じる。E子が痛みを感じるという事実は、E子の心が痛みを感じるという事実以外の何ものでもない。すなわち、ある程度の圧力がE子の頭蓋にかけられたことが、E子の心の特定の状態を引き起こす。身体に起こった現象が、心の状態の原因になっている。因果関係は、心から身体へ進むことも、身体から心へ進むことも両方あるわけである。E子の心と身体がまったく無関係だったら、この因果関係が理解不可能になるのだ。「無関係だが因果関係がある」と言うこと自体自己矛盾している。心と身体のあいだに因果関係が成立するということは、いったいいかにして可能か。心が物理的でない実体である限り、この難問は解けない。

5の2．心と熱

「E子に心がある」を、「棚にぼた餅がある」をモデルに理解しようとする試みをあきらめる潮時が来た。モデルを「子供に熱がある」に替えよう。実際に動物園へ行って象は鼻が長いことを確認して来たE子は、楽しかったが長い外出から帰宅して間もなく熱をだしたとしよう。「E子に熱がある」という事実は、「棚にぼた餅がある」とはちがって、E子と熱というふたつの実体を要求することはない。E子が実体だということはすでに仮定してあることで、ここで疑うことはしない。だが熱は別だ。熱は実体ではない。「E子に熱がある」と「E子に熱はない」の違いは、何かの実体のあるなしの違いではなく、E子というひとつの実体の状態の違いである。一円玉を飲みこんだE子と一円玉を飲みこんでいないE子の違いは、一円玉という実体がE子の中にあるかないかの違いだが、熱があるE子と熱がないE子の違いは、何かの実体がE子の中にあるかないかの違いではない。そうではなくて、E子自身の状態の違いにすぎない。E子が特定の状態のとき「熱がある」と言い、別の状態のとき「熱はない」と言う。

例をもうひとつあげよう。静かな海と荒れている海の違いは、海以外の何かの実体が荒れている海の中にあって静かな海の中にないのではない。海面が平らかそうでないかという、海そのものの状態の違いなのである。こういう例と同じように、「E子に心がある」はE子の中に何か別の実体があると言っているのではなく、E子自身がある種の状態にあると言っているだけであり、「岩には心がない」は、岩はその種の状態にはないと言っているだけである。実体としての心は必要がないので、「ぼた餅」式の考えにつきまとう問題はおきない。だが別の問題がおきる。「ある種の状態」とは、どのような状態なのかという問題だ。「それは心の状態である」という答えは、まじめに受け取ることができない。「妻とは女性配偶者のことであり、配偶者とは妻または夫のことである」と言うのと同じくらい循環的だからだ。循環的でない、実のある内容の答えはあるのだろうか。

まず、E子と岩を比べることから始めよう。「E子に心があって岩には心がない」と言うとき、私たちは何を基準にそう言うのだろうか。E子には肝臓があるが岩にはない、という事実は関係なさそうである。脳については既に触れたし、また後で触れる機会もあるので、ここでは扱わない。物理的部分の相違ではなく、全体のありかたの相違について考えてみよう。E子は動くが岩は動かない、というのはどうだろう。フライパンの油は冷たいときには静かにしているが、熱くなると飛び散る。熱いという状態が、飛び散るという動きを油に引き起こしている。同じように、心があるという状態は、E子の動きを引き起こしているのではないのだろうか。しかし岩だって動くではないか、と言われるかもしれない。確かにE子ほどは動かないが、岩はまったく動かないわけではない。（E子ほど動くものは世界中にあまりない。）採石場からE子の家へ運ばれたときは何百キロも動いたし、庭に置かれた後も小さな地震で数ミリ動いた。E子と岩のちがいは、動くか動かないかということよりも、動く時どう動くかということであろう。岩が動くのは、人間が動かすときとか地震で動くときなど、外部の力によって動かされるときに限られる。岩の動きは受身の動きなのだ。それに比べてE子の動きは自発的である。これは明らかに、心のあるなしに関係あることだと思われる。もちろん、E子も受身の動きをすることはある。熱にうなされて病院に運ばれたときは、外部の力、すなわち母親の力によって動かされた。しかし岩と違って、ふつう動くときはたいてい自発的に動く。

この自発的に動くということが心を持っているということと大きな関係があるということを理解するには、「自発的」の意味を考えるだけでいい。すでに言ったことだが、E子が動物図鑑を開いたのは、長い鼻の象の写真を見せたかったからだ。動物図鑑を開くという身体の動きが自発的な行動であるのは、それが自分の望みによって引き起こされているからである。岩が採石場からE子の家に運ばれたのは、岩がE子の家に行きたかったからではなく、E子の親がその岩を家の庭に置きたかったからだ。（もし岩がE子の家に行きたかったというのが岩の動きの本当の理由だったならば、「岩には心がない」と言うのは間違いということになるだろう。）E子の身体の動きを「自発的な行動」と性格づけることがすでに、E子に心があることを仮定しているわけである。もっと端的に言えば、E子に心があって岩にはないと言うことは、E子の身体の動き（の大多数）がE子の望みによって引き起こされているが、岩の動きは岩の望みによって引き起こされているのではないと言うことだ。

しかしなぜ私たちは、E子の身体の動きをE子の望みで説明しようとするのだろう。岩の動きは岩の望みで説明しようとはしない。その違いは何なのだ。それはE子の身体の動きの複雑さである。地震による岩の動きは力学的に簡単に説明がつく。それに比べて、動物図鑑を本棚から引き抜いて特定のページを開くというE子の行為は、純粋に物理的な身体の動きとして見れば非常に込み入った動きである。体中の筋肉の正確なコーディネーションが要求されるその動きを、外部の物理的な力のみに基づいて力学的に説明するのは至難の業である。「質量」、「電荷」、「力」、「運動量」、「加速」、「慣性」などの力学的概念だけに頼ってその行為を説明しようとするより、「望み」、「象」、「本」、「開く」、「見せる」などといった概念を使えば遥かに楽に説明できる。これが、私たちがE子の身体の動きをE子の望みという概念を使って説明する理由である。しかし、そういう説明が正しい説明だという保証はあるのか。保証などもちろんない。私たちの知覚が究極的に正しいという保証がない限り、そもそもE子が存在するという保証さえない。純粋数学や論理学、または意味論の外で保証をもとめるのはお門違いである。では少なくとも、そういう説明が正しいという何らかの証拠はあるか。それはある。そういう説明に基づいてE子が次に何をするかを予言すれば、かなりの確率でその予言は当たる。過去の実績がそれを裏付けている。たとえば、E子は象の写真を見せたくて動物図鑑を開いたので、それを見せれば図鑑を閉じるだろうという予言をすることができるが、その予言が当たる確率はかなり高い。過去に同じような状況で同じような予言が当たったことが多くあるからだ。それに比べて、純粋に力学的な概念だけを使った予言は、すること自体非常にむずかしいし、仮にしたとしても当たることはまずあるまい。過去の実績は皆無である。

人間の身体の動きを記述する時、ふつう私たちは「身体の動き」とは言わず、「行動」とか「行為」とか「行ない」という言葉を使う。あまりにも当たり前のことなので日常特に注意を払うことはないが、この言葉使いは、(本人の)望みによって引き起こされた身体の動きと、そうでない身体の動きをはっきり区別する重要な言葉使いなのだ。岩が採石場から庭へ動いたから、あるいは地震で数ミリ動いたからといって、岩が行動したとか、行為をしたとか、これこれを行なったとか言うことはない。E子自身に関しても、眠っている間に病院へ移ったときのことを、病院へ行くという行動をとったとか、行為をしたとか、行なったとか言うのはまちがいである。岩が採石場から庭へ運ばれたのと同様、E子は家から病院へ運ばれたにすぎない。「運ばれる」という言い方は、本人の望みによって引き起こされたのではない位置の変化を含意する。

「行く」と「来る」はその点で中立である。本人の望みが原因である動きも、そうでない動きも「行く」や「来る」で言い表すことができる。「いつものようにE子は学校へ行った。」「おやつを食べに、E子はすぐ来た。」「御注文の岩、もうそちらに行ってますか。」「はい、ちゃんと来てます。」(ちょっと余談になるが、「来る」という動詞は、実体の動き以外を表現するのにも使える。「おやつの時間が来た。」「絶好のチャンスが来た。」「行く」をまったく同じように使うことは出来ない。「おやつの時間が行った」や「絶好のチャンスが行った」ではなく、「おやつの時間が過ぎた」とか「絶好のチャンスをのがした」などと言わねばならない。)

5の3．望みと思いと行為

動物図鑑を開くというE子の行為は、象の写真を見せたいという彼女の望みで引き起こされたのだが、象の写真を見せたいという望みがあれば必ずE子は動物図鑑を開くとは限らない。たとえば、おやつが食べたいという望みが同時にあった場合を考えてみよう。象の写真を見せたいのはやまやまだが、おやつを食べるほうが優先するとしたら、動物図鑑はほっておいてテーブルのおやつに直行するだろう。だがここで、ひとつの望みが別の望みより「優先する」とはどういうことか。

電灯のスイッチには二種類ある。点けるか消すかというふたつの選択肢だけの普通のスイッチと、点けているとき明るさの量を加減できる調光スイッチである。望みは、普通のスイッチではなく、調光スイッチで制御される灯りのようなものである。あるかないかだけではなく、あってもどの程度の強さを持つかが問題になるのだ。そして、優先する望みとは、より強い望みということなのだ。おやつを食べたいという望みが象の写真を見せたいという望みより強ければ、前者の望みが後者の望みより優先し、E子は動物図鑑を開くことはしないだろう。では、テーブルのおやつに直行するのは必至だろうか。いや、そうとも限らない。おやつを食べたいという望みよりさらに優先する望みがあるかもしれないからだ。左の頬がかゆいとしよう。耐え難いくらいかゆいとする。その場合、左の頬を指で掻きたいという望みが、おやつを食べたいという望みに優先する。E子は、テーブルのおやつへと動く前に左頬を掻くという動作をするだろう。掻いてかゆみがなくなった時点で、おやつを食べたいという望みがもっとも強い望みだということになれば、その時点でE子はおやつのあるテーブルの方へ動きだすだろう。そして、おやつを食べたあとで象の写真を見せたいという望みがもっとも強い望みとなれば、その時点で彼女は動物図鑑を開くだろう。つまり、ある時点でもっとも強い望みが、その時点での行為としての身体の動きを決定するということだ。

というわけで、ここまでの考察の結論は、「心があるということは、(自分自身の)一番強い望みが身体の動きの原因であるということ」である。だがよく考えてみると、望みだけでは身体の動きを引き起こすには不十分である。おやつを食べたいという望みがあり、そしてそれ以上強い望みがないからといって、E子がテーブルのおやつに向かって動くとは限らないからだ。おやつがテーブルにないと思っているとしたら、テーブルへ向かいはしないだろう。戸棚の中にあると思っているとしたら、戸棚へと向かうだろう。どこにあるか分からなければ、特にどこへ行くという動作はしないだろう。その代わりたぶん「おやつはどこ?」と聞くだろう。

おやつを食べたいという望みが、E子が今もっている一番強い望みだとしよう。そして、E子は今テーブルにおやつがあると思っているとしよう。このふたつの情報に基づいて私たちは、E子はテーブルに向かって動き始めるにちがいないと確信できるだろうか。いや、できない。E子は、テーブルに直進することがおやつに到達するもっともいい手段だとは思っていないかもしれないからだ。たとえば、(どういうわけか)テーブルのまわりには鉄条網が張り巡らされ、それは自分ひとりでは解除できないとE子は思っているとする。さらに、お母さんに動物図鑑の象の写真を見せれば鉄条網を解いておやつをくれる、と思っているとする。こういう状況下では、E子はテーブルへ向かうかわりに、お母さんに向かって動物図鑑を開くことだろう。もちろん、E子のその思いが間違っていればおやつにはありつけないかも知れないが、ここでは行為がいかに成功するかではなくて、いかに引き起こされるかについて考えているのである。お母さんに動物図鑑の象の写真を見せるというのがひとつの手だが、そのかわりにお父さんの肩を叩いても鉄条網が解除されておやつにありつける、とE子は思っているとする。その場合、E子はどうするだろう。それはE子のほかの思いと望みによる。もしE子が、お母さんとお父さんは二人とも家にいて、動物図鑑を開くほうが肩を叩くより楽だと思っており、かつ楽なほうをしたいと望んでいるならば動物図鑑を開くだろう。一方もし、お母さんは仕事でいないがお父さんは家で家事をしている、そしてお母さんの職場へ行くのはお父さんの肩を叩くより面倒だ、と思っており、かつ面倒でないほうをしたいと望んでいるとすれば、肩叩きをするだろう。

人が望みと思いから何かをするということは、かなり込み入ったことなのである。この込み入った話を一言で要約すれば、心をもつ者の行為とは、一番強い望みをかなえるのにどうすれば一番いいかということに関する思いと望みに従って身体を動かすことである、ということになる。

5の4．心と会社とコンピューター

「心」という概念を「望み」と「思い」と「身体の動き」という概念で分析したわけだが、この分析について気になることがふたつある。ひとつは、「望み」と「思い」という概念は「心」という概念に負けず劣らず不明瞭な概念だということ。このふたつの概念をそのまま分析せずにほっておくというのは、ちょうど、子供にお小遣いをねだられて「明日あげるからね」と言って、翌日ねだり返されたとき「まだ明日じゃないでしょ。明日きっとあげるからね」と言い、そしてそのまた翌日もその翌日もずっと同じ言葉を繰り返し続ける親の言動のように、あまり納得のいくものではない。そしてもうひとつ気になるのは、「望み」と「思い」と「身体の動き」という概念だけで「心」という概念が残すところなく分析されたとは思えない、ということである。このふたつの点を、その順にみることにしよう。

E子がこれこれしたいと望むとか、これこれだと思うとか言うとき、私たちは何を言っているのだろう。この問いにきちんと答えるのは容易なことではない。たとえば、「Xしたいと望むということは、自分がXしているという状況が実現されることを欲するということだ」という分析は明らかに循環的であり、受け入れることはできない。「欲する」という概念は「望む」という概念と重要な意味で区別できないからだ。また、「Pだと思うということは、Pが真であるという状況が実現されていると信じるということだ」という分析も同じくらい循環的である。「……だと信じる」という概念は「……だと思う」という概念と重要な意味で区別できないからだ。「望み」と「思い」を別々に分析しようとするのは、弁慶と義経を別々に理解しようとするより遥かにむずかしい。それと同時に、「望み」と「思い」を「行為」としての「身体の動き」から離れて分析することも絶望的である。前の節では、心がある実体の行為は、その実体自身の望みと思いの複雑なメカニズムによって引き起こされるということを見た。「心がある」という概念の分析に「望み」と「思い」という概念を動員したわけだが、そこでの考察は逆に「望み」と「思い」という概念そのものの分析にも役立つのではないか、というアイデアが生まれてもおかしくない。望みと思いを、行為を起こす因果要因として定義するというアイデアである。ここでは、そのアイデアに従ってこのふたつの概念を行為に結びつける形で分析するとどうなるかを見てみよう。

これまでの成果を、このふたつの概念の分析という見地からまとめると、次のようになる。「心があるということは、自分自身の望みと思いが身体を動かす原因になるということである。そうして起こる身体の動きが行為である。望みとは、思いと兼ね合って行為を生む原因のひとつである。思いとは、望みと兼ね合って行為を生む原因のひとつである。」こうまとめてみるとこれまでの成果がはっきりするが、それと同時に「望み」と「思い」という概念の分析としてはうまくいかないように見える。循環的に見えるからだ。望みとは何か。思いと兼ね合って行為を引き起こすもの。思いとは何か。望みと兼ね合って行為を引き起こすもの。行為とは何か。望みと思いによって引き起こされるもの。これでは三つ巴の循環的定義になってしまっているのではないか。そしてそうだとしたら、それはこの定義を拒否するいい理由になるのではないのか。確かに、これはある意味で循環的定義である。だが拒否すべき種類の循環的定義ではない。それに比べて、「妻とは女性配偶者で、配偶者とは妻か夫である」は拒否すべき種類の循環的定義である。では、拒否すべきでない種類の循環的定義は、拒否すべき種類の循環的定義と一体どうちがうのか。それを知るためには、「商業会社」という概念について考えてみると良いだろう。

商業会社とは何か。それはひとつの組織化された全体であり、その組織は特定の相互関係にあるいくつもの部署から成っている。利益の追求を究極目的とし、株主に対して経済的責任を持つ。部署としては、営業部、製造部、広報部、その他色々あり、それらを全部まとめて采配を振るうのが社長である。各部署には特定の仕事が与えられ、すべての部署がそれぞれの仕事をきちんと遂行することによって会社は円滑に機能する。たとえば営業部の仕事は、製造部が適切なスケジュールで製造する適切な量の商品を消費者に届ける流通ルートを確保することであり、製造部の仕事は、営業部が確保する流通ルートを通じて消費者に届けるのに適当な量の商品をそれに見合ったスケジュールで製造することである。

だが、製造部が作る商品の流通ルートを確保するのが営業部で、営業部が確保する流通ルートに流す商品を作るのが製造部ということは、製造部とは何かを知るには営業部とは何かを知る必要があり、営業部とは何かを知るには製造部が何かを知る必要があるということだ。これは循環的定義ではないのか。ふたつの部署の関係をもう少し詳しく見れば、その循環性がより明らかになる。製造部の仕事は、ただ商品を作るということではない。消費者への流通ルートがまかなえないほどの量の商品を作ったり、逆に流通ルートの容量を遥かに下回る量しか作らなかったりするのは、商業会社の製造部としての役割を満足に果たしていることにはならない。つまり、製造部が何をすべきかは営業部の役割に大きくかかっている。それと同時に、営業部の仕事は、ただ流通ルートを確保するということではない。作られた商品の量に見合わない容量の流通ルートを確保しても、在庫を増やして競争相手に市場シェアーをあけ渡すか、品切れで市場での信用を失うかどちらかになるだけで、商業会社の営業部としての役割を満足に果たしていることにはならない。製造部と営業部の役割は切り離しては考えられないのである。そしてこれはこの二つの部署だけの問題ではない。そのほかの部署の役割を詳しく見れば、役割の定義の相互依存性は会社中に蔓延しているということが分かるだろう。会社の各部署をひとつひとつ別々に定義することなどできないのだ。循環的な定義はすべて悪い定義だという考えを、ここで引き払うことにしよう。会社の各部署の定義は、それらをすべて一緒にすれば循環的だけれども、それは悪いことではない。それどころか、各部署の役割が相互依存的だという紛れもない事実がその循環性の裏づけになっている。それは事実に基づいた、良いあるべき循環性なのである。

営業部と製造部のこの良い意味での循環的な定義をモデルにして、「望み」と「思い」の分析をもういちど見なおしてみよう。相互依存性とともに大事なのは、営業部と製造部はそれぞれ綿密に組織化された全体の一部としてはじめて機能し得るのであって、全体と切り離されたそれ自体としての存在は意味をなさないということである。そういうふうに組織化された全体は、私たちの身の回りにいくらでもある。たとえば自動車がそうだ。自動車部品ひとつひとつの機能はその他の部品の機能に複雑な形で依存しており、すべての部品が円滑に働く時にのみ個々の部品が最大限に働く。人間の身体は、さらにもっと複雑に組織化された全体である。各々の器官の機能は、ほかの器官の機能に言及することなしには定義できない。

会社をコンピューターにたとえれば、インプットが資本でアウトプットが商品。それを売った利益の一部が再投資としてまた会社へのインプットになり、残りが給与や配当として雇用者や株主へのインプットになる。このたとえをE子に当てはめれば、知覚による経験がインプットで身体の動きがアウトプット。そのアウトプットとして遂行された行動が周囲に影響をあたえ、その結果新しい知覚経験がまた自分自身にインプットされると同時に、周りの人々への同様のインプットにもなる。会社がそのインプット－アウトプットの繰り返しで会社として大きくなるように、E子はそのインプット－アウトプットの繰り返しで心の持ち主として成長する。

営業部という概念は、機能別に組織化されたいくつかの部署からなる会社という全体の一部としてのみ完全に定義されうるが、「営業部」と書いてあるドアの内側で働いている営業部員は会社の一員としてのみ存在するわけではない。もちろん、営業部の機能を実際に遂行するのはその営業部員たちであり、彼らなしでは営業部は成り立たない。製造部についても同じことがいえる。製造部の機能を実際に遂行するのは製造部員たちであり、彼らなしでは製造部は成り立たない。と同時に、営業部員は営業部なしでは営業部員としては存在できないが、人としては存在できる。人は営業部員である必要はないからだ。会社は部署から成っており、部署の機能は人が遂行している。その機能を遂行する人は、その機能遂行者である前に人という存在者である。

心あるE子の場合、営業部員に相当するのは何だろう。望みを営業部にたとえれば、営業部員は望みの機能を遂行する何かだということになる。望みの機能とは、思いと兼ね合わせで行動というアウトプットを生み出すことだ。その機能を実際に成し遂げるのは、E子の中の何だろうか。行動は身体の動きである。身体の動きは、筋肉の収縮によって起きる。筋肉の収縮は、脳から神経系統で送られてくる信号で制御される。すべては脳から始まるわけだ。ということは、望みの機能を実際に遂行するのは脳細胞（複数の脳細胞の集まり）ということになる。営業部員が営業部員でなくても人として存在できるように、望みの機能の遂行者は、望みの機能の遂行者でなくても脳細胞として存在できる。ただそうなった場合、その脳細胞はE子の「心がある」という状態に貢献してはいない。営業部員でなくなった人が、会社の営業活動に貢献しないのと同じだ。（人が営業部から別の部へ移るとか、脳細胞が望みの機能から思いの機能へ鞍替えするという可能性は十分あり得るおもしろい可能性だが、ここでは無視している。）

E子に心があるという事実にE子の脳細胞が決定的に重要な役割を果たしている、ということは否定できない。E子の身体の部分がすべて同等に重要なのではないのだ。そういう意味で、「心がある」を「子供に熱がある」になぞらえて理解するのには限界がある。むしろ、「あのピッチャーには鋭いスライダーがある」になぞらえるほうがいいだろう。スライダーとは変化球の種類であって、実体ではない。ピッチャーに鋭いスライダーがあるということは、そのピッチャーの中にスライダーという何物かが存在していてその物が鋭いということではなくて、投げ腕と反対側に大きく流れる球を投げることができるということだ。体内に何か実体が存在すると言っているのではなく、身体で何かができると言っているのである。熱があるのとちがうのは、身体全体が一様に同等ではなく、利き手と利き腕が特に大事だということだ。右腕投手が左手の薬指に怪我をしても鋭いスライダーを失うことはないだろうが、怪我が右手に起きたら話はちがう。心があると言う時も同じように、身体の中に「心」という何物かの実体が存在すると言っているのではないが、身体のすべての部分が同じように重要なわけでもない。知覚のインプットと行動のアウトプットの間にあって、それを複雑な形で仲介する「望み」や「思い」やその他の心の機能を実際に遂行する脳細胞の集まりの全体とは、ほかならぬ脳（または脳と中枢神経系統）である。これは「棚のぼた餅」式の考えではないということに注意しよう。「棚のぼた餅」式の考えによると、E子の脳はE子の心そのものであり、それはE子の身体のなかにある。それに比べて今言っているのは、E子に心があるということは、E子の身体のなかに「心」という何か特別な実体があるということではなくて、E子の身体の動きが望みと思いから発している行為だということであり、E子の望みと思いの機能は、実際のところE子の脳によって遂行されている、ということである。

「心」という概念を分析した結果、それは実体の概念ではなく、「望み」、「思い」、「行為」という機能の概念で構成されている概念なのだということが分かった。機能の概念が現実に適用されるためには、何かの実体がその機能を実際に成し遂げることが必要である。それが脳なのである。これを「心は脳である」という言い方で表現するのは、「茶の湯は、植物の混じった生ぬるい湯をすることだ」と言うのと同じくらい粗雑で混乱を招くものである。

5の5．脳移植はノー

ある特定の会社を「R商会」と呼ぼう。R商会は、近年その躍進がめざましく本部のオフィス・スペースが狭くなったので、今までいたビルの三階から十二階へ移りその全フロアを占めることになったとしよう。会社の組織や人事には変化なし。オフィスが変わるだけである。さてこの引っ越しが完了したとしよう。その場合、三階にあったR商会は無くなってしまって、十二階に同じ名前の別の会社が発足したのだろうか。もちろん、そうではない。三階にあったR商会が十二階へ引っ越したにすぎない。またもし仮に、同じビル内で別の階に行くのではなく、別のビルへ移ったとしても、組織や人事に変化がなければ同じR商会であることに変わりはない。心の持ち主としてのE子にも、ちょうど同じようなことが言える。会社の社員が脳細胞にあたるとすれば、社員が働くオフィスは頭蓋で、そのオフィスがある建物は身体ということになる。会社が新しいビルへ移るということは、同じ社員が新しい建物の新しいオフィスで働くということだ。E子の脳がE子の身体の頭蓋から取り出されて別の身体の頭蓋へ移植されたら、E子の脳細胞が新しい環境で働くことになるわけで、心の持ち主としてのE子の行為としてのアウトプットはその新しい身体の動きということになる。ということは、その新しい身体はE子の身体になるということだ。

人は他人の心臓を臓器移植で受け取ることができる。だが他人の脳を臓器移植で受け取ることはできない。これは、現在の医学技術がまだそれを許さないという意味ではない。仮に医学技術の限界による制限が完全に克服されたとしても、それは無理なことなのである。技術的に不可能だというのではなく、概念的に不可能だからである。「臓器移植」という概念そのものがそれを許さない。臓器移植には必ず臓器の提供者と受給者がおり、移植が成功すれば、移植された臓器は受給者の臓器として機能する。E子が提供者で、I子が受給者だとしよう。ということは、E子の臓器がE子の身体から取り出されてI子の身体へ挿入され、成功すればその臓器はI子の臓器として機能するということだ。その臓器が脳だとしよう。E子の脳がE子の身体からI子の身体へと移される。すべてうまくいって移植手術は成功したとする。ならばすでに見たように、移植前にI子の身体だった身体は、移植後にはE子の身体になっている。その脳はI子の脳として機能することはできない。I子は、もうそこにはいないからだ。I子の身体はあるが、I子はいない。これが本当に臓器移植だと言うのならば、脳移植ではなく身体移植と言うべきである。I子の（頭蓋から脳を取り去った）身体が、E子の脳に移植されたのである。I子がE子の脳をもらったのではなく、E子がI子の身体をもらったのだ。ではI子はどこへ行ったのか。もし同時に、I子の脳がE子の（頭蓋から脳を取り去った）身体へ移されたとしたら、E子の身体がI子の脳へ移植されたことになる。ふたりは身体を交換したことになるのだ。もしI子の脳が、第3章でみたK子に関する例その四のように、プールに移されて機能し続けたとしたら、I子は身体をなくしたことになる。もしI子の脳が機能を失ってしまったなら、I子は存在しなくなったことになる。ということは、E子はE子の脳以外の何ものでもありえないのであり、I子はI子の脳以外の何ものでもありえないのだ、ということのようである。

しかしここで、私たちは脳以外の何ものでもないと結論する前に、もうひとつ考慮せねばならないことがある。心の持ち主としての人は脳でしかありえないという意見に対しては、次のような反論があるのだ。心の持ち主としてのE子は、知覚経験というインプットと行為という身体の動きのアウトプットを仲介して制御する実体である。このコンピューターのたとえを真に受ければ、心の持ち主としてのE子は、インプットとアウトプットの仲介制御者すなわちソフトウェアがインストールされている実体だということになる。そのソフトウェアは実際には脳にインストールされているが、脳でない別の種類のハードウェアにインストールすることも原理的には可能である。よって、E子は実際には脳だが、脳でなければならないということはない。この反論は正しいのだろうか。これについてきちんと考えるには、同一性についての少々こみ入った考察が必要なので、これ以上の議論は、第7章でそのこみ入った考察をした後、それを心の分析に応用する第8章まで延期しよう。

5の6．喜びも悲しみも

心を持つとは望みや思いによって行為をおこすことだ、という分析には何かが欠けていないだろうか。欠けている。感情が欠けている。だが感情が欠けているということは、必ずしもこの分析の主旨が受け入れられないものだということではない。感情は、人がどういう行為をどういう風に行なうかということに大きな影響を及ぼす心の状態である。望みや思いに影響を及ぼすことによって行為を間接的に左右するとしても、望みや思いを迂回して行為に直接働きかけるとしても、いずれにしても行為を何らかの形で左右する心の状態であることは確かだ。また、それ自体として哲学的分析に値する概念でもある。だが、感情を計算に入れるために、E子に心があり岩にはないという基礎的な意味での「心がある」という概念の分析の主旨を変えるには及ばない。もし感情は望みと思いを通じてのみ行為を左右するものだとしたら、目下の分析の中の望みと思いの機能をもう少し複雑なものとして考えればいいのであり、またその一方、もし感情は望みや思いとは独立に行為を制御するものだとしたら、目下の分析に、望みと思いと並んで感情をインプットとアウトプットの間に立つ第三の要素として設定すればいいのである。いずれにしても、目下の分析を基礎的に組み直す必要はない。

だがしかし、感情が行為を左右するというごく当たり前の事実は、感情の本質にもとづく必然的な事実なのだろうか。もし、望みや思いに影響を与えても行為の決定を左右しないような感情というものがありうるならば、または、望みや思いに影響を与えずそれ自身でも行為に影響ないような感情というものがありうるならば、アウトプットとしての行為という概念に依存する目下の分析からは完全に漏れてしまうことになる。例を取ろう。E子は今日、学校で親友のI子と些細なことで喧嘩した。本当は仲直りしたいのに、強情なE子はそのまま帰宅してしまった。そのことが悲しくて家でも普通のE子らしくない。目は下を向いているし、口はとがっている。動物図鑑を広げる動作ものろい。いつもの溌剌さがない。これは悲しいという感情が、E子の行為に影響を与えているからである。逆に、下校する前にI子と仲直りしていたならば、友情の回復に嬉々として、帰宅後の表情は明るく動物図鑑を広げる動作も元気で、いつもよりさらに溌剌としていただろう。嬉しいという感情が、E子の行為を変えるからである。これが普通だ。だが、これは必然的だろうか。行為に出ない悲しみや喜びというのは不可能なのだろうか。

私たちは皆、悲しくてもそれを顔や言葉や振る舞いに表さない人を一人や二人知っているだろう。もしそういう人が、公共の場所だけでなくプライベートでも悲しみを全く表に出さないとしたらどうだろう。「そんなことはあり得ない。短い期間はできるかもしれないが、遅かれ早かれその悲しみは何らかの行為となって表れるにちがいない」と言う読者がいるかもしれない。だが、あまり強くない悲しみだったら二、三日で放散し去るかもしれない。そしてその二、三日の間まったく行為に出ないことも可能だろう。比較的弱く短期間しか持続しないので行為に出ない、というだけの理由でそれが悲しみではないと言うことはできない。同じことは喜びにも言える。

「いくら微《かす》かでも、喜びや悲しみは身体の状態の変化として表れるものだ。たとえば、少しでも嬉しい時は脈拍数が上がり血行が良くなる。一方、少しでも悲しい時はその逆が起きる。感情の変化が何らかの身体の状態の変化として表れることは免れられない。」こういうコメントは、行為と、身体の状態の変化との区別を無視するコメントである。身体の状態の変化がすべて行為なのではない。脈拍数が上がるということは身体の状態の変化であることは確かだが、行為ではない。E子の脈拍数が上がるのはE子がやる行為ではなく、E子に起きる出来事である。その意味で、それはたとえば、じんましんと同じだ。じんましんをE子の行為だと言う人はいないだろう。(熟達した仏教徒が自分の脈拍を制御するのに成功したとすれば、それは単なる身体状態の変化ではなく、れっきとした行為である。だが私たちのここの議論で大切なのは、脈拍を制御することは行為である必要はないという当たり前の事実なのである。) 脈拍数の変化が行為ではないということは、感情の変化と脈拍数の変化の関連は必然的なものではないということを示唆する。そもそも、上昇した脈拍数が喜びの表れだということ自体、必然的なことではない。脈拍数の上昇が喜びの感情と密接に関連しているのは事実だが、喜びという感情が起きていながら脈拍数が上がらないという状況は概念的に可能である。「喜び」という概念と「脈拍数」という概念は、そういう状況を排除しない。自分が喜びを感じている状況を想像してみよう。そしてその状況下で、医者があなたの脈拍数を取ってその結果をあなたに伝える。「脈は全く正常です。上がっても下がってもいません。」こういう状況は楽に想像できるし、何の矛盾もない。ということは、喜びと脈拍数の上昇の関連は概念上必然的ではないということだ。

ある事態の反対が想像できるからといって、その事態が必然的ではないということにはならない、という反論がある。これは実にもっともな反論である。この反論については第6章でもっと一般的に論じる機会があるが、ここでは特に感情についてだけ考えよう。喜びや悲しみの感情を持つということはどういうことかと聞かれたら、私たちはどう答えるだろう。「喜ぶということは脈が上がるということだ」と言うだろうか。そうは言うまい。「喜ぶということは嬉しくなるということ」などという循環的な定義をするか、「好きな人が自分を好きになってくれたと知ること」とか「チーズケーキを御馳走になること」などという特定の例を挙げるかするのが関の山だろう。喜びという感情が何かということを本当に知るには、実際に喜びを感じるほかに手段はない。特定の例を挙げるのは、実際に感じたであろう喜びの感情を相手に思い出させる手段にほかならないのだ。人を好きになったことのない人やチーズケーキが嫌いな人には、このような特定の例は答えとして効かないので別の例が必要となろう。

5の7．赤く焦げ臭く甘く甲高くヌルッとしている

感情のほかにも、目下の分析から漏れていそうな種類の心の状態がある。それは「感じ」である。感じが感情とちがうのは、感じは特定の種類の知覚に属するということだ。たとえば、鮫の肌を触るとザラッとする感じがする。ウナギの肌を触るとまったく別の感じがする。なめらかでヌルッとした感じである。このふたつは触覚の例だが、ほかの感覚でも例はいくらでもある。レモンをかじったときのすっぱい味の感じ、寺で線香を嗅いだときのその匂いの感じ、黒板に爪を立てて出した音を聞いたときのその音の感じ、熟した普通のトマトを太陽の下で見たときのその色の感じ。これらは、いずれも特定の種類の知覚における「感じ」である。感情と似ているのは、それを実際に感じたことがなければそれを感じるということがどういうことか分からない、という点だ。たとえば、熟した普通のトマトを太陽の下で見たときのその色の感じは、そういう色を見たことのある人にしか分からない。「四〇〇—四八〇テラヘルツの周期と六二〇—七五〇ナノメートルの波長の光が人間の視覚に起こす色」という科学的にかなり正確な記述をしても、生まれたときから目の不自由な人には、その色を見たときの感じがどういう感じなのか分かりようがない。

感じは、感情よりも人の行為にさらに明らかな影響がある。食べたいと思ったトマトを見たとき、もしアマガエルの背の色と同じ視覚的な感じを受けたら、食べようとはしないだろう。そのような色の感じは、「トマトが未熟である」という判断を促すからだ。(そして、未熟なトマトは食べたくないという望みがあるからだ。)もし日章旗の丸の部分と同じ視覚的な感じを受けたら、食べようとするだろう。そのような色の感じは「トマトが熟している」という判断を促すからだ。(そして、熟したトマトを食べたいという望みがあるからだ。)つまり、感じは明らかに思いを通じて行為を左右する。その限りでは、感じは目下の分析の守備範囲にちゃんと入っている。だがここで、ひとつ問題がある。特定の種類の感じは特定の種類の行為と必ずしも結びついていない、という問題だ。感じと行為の関連が適度なレベルで一定だという保証がなければ、「心がある」という概念分析の一部として感じを組み入れることはできない。そういう関連の保証がないということを、視覚の例で見ることにしよう。

E子はごく普通の女の子である。活発で少しやんちゃで時々頑固なところがあるが、同年代の女の子と比べて特に変わったところはほとんどない。しかし、他の皆と非常にちがう点がひとつだけあるとしよう。それは色の知覚の感じに関してである。私たちが熟したトマトを見たときに経験する色の知覚の感じを、E子はアマガエルの背を見たときに経験し、私たちがアマガエルの背を見たときに経験する感じを、E子は熟したトマトを見たときに経験するのだ。これは、トマトやアマガエルだけのことではなくすべての色彩知覚の経験に関してのことであり、しかも、このちがいは生まれつきのものである。ということは、色彩知覚経験における感じのこのちがいは、E子の行為には全く反映されていないということになるのだ。E子がテーブルの上にあるトマトを見るとする。そのとき、私たちが熟したトマトを見たときに持つ色彩知覚経験の感じと同じ感じを持ったとすれば、E子はそのトマトを食べようとはしないだろう。未熟だと思うからだ。一方、私たちがアマガエルの背を見たときに持つ色彩知覚経験の感じと同じ感じを持ったとしたら、食べようとするだろう。熟していると思うからだ。E子は、そういう風に野菜果物の熟し加減を判断して育ってきたのである。

次のような意見が出るかも知れない。「E子の色彩知覚がそのように異常なものかどうかは、行為のレベルで簡単にわかる。熟したトマトを指差して、E子にそれは赤か緑か聞けばいいのだ。赤と答えれば、E子の色彩知覚は私たちと同じであって異常はない。緑と答えれば、異常である。」これは言語行為という行為を使ってのテストだが、こういうテストでは感じのちがいを発見することはできない。私たちがアマガエルの背を見たときに持つ色彩知覚経験の感じを、E子は熟したトマトの色と判断するだけでなく、「赤」という単語が意味する色だとも判断するからである。同様に、私たちが熟したトマトを見たときに持つ色彩知覚経験の感じを、E子は「緑」という単語が意味する色だと判断する。よって言語行為のレベルでのテストは、何ら新しい結果をもたらすことはできない。

しかし、行為のレベルでそのちがいが現れないとしても、思いのレベルでは現れているのではないか。そういう考えに基づいて、次のような議論が提唱されるかも知れない。「E子は、自分が熟したトマトを見たときに持つ色彩知覚経験の感じ、すなわち、私たちがアマガエルの背を見たときに持つ色彩知覚経験の感じ、を『赤』と判断する。だが、私たちがアマガエルの背を見たときに持つ色彩知覚経験の感じは赤ではなく緑である。よって、E子の判断はまちがっている。」しかし、この議論は、E子の「赤」という判断は私たちの「赤」という判断と同じであり、私たちの「緑」という判断とはちがう、ということを仮定している。だが、この仮定は正しくない。私たちが「赤」と言うとき、その語の意味は私たちの色彩知覚経験の感じにかんがみて理解されるべきである。そしてE子が「赤」と言うとき、その語の意味はE子の色彩知覚経験の感じにかんがみて理解されるべきである。ゆえに、E子の判断を私たちが私たちの意味での「赤」と「緑」という単語を使って記述するときは、私たちの意味での「赤」はE子の意味での「緑」と同義であり、私たちの意味での「緑」はE子の意味での「赤」と同義である、ということをしっかり頭においておく必要があるのだ。

ここで、第4章に出てきたパットナムの楡とブナに関する考察を思い出してみよう。A子が、自分個人のプライベートな言語における「楡」と「ブナ」というふたつの単語の意味と通常の日本語における意味を区別しようとしたとき、私たちはそれに反論した。言葉というものには、公けに分かち合われている意味から独立に個人だけの意味があるわけではない、というのがそのときの教訓だった。それをここに当てはめれば、E子の言う「赤」と私たちの言う「赤」の意味がちがうことはありえない、ということになるのではないだろうか。いや、そういうことにはならない。パットナムの例における教訓はE子の状況にはあてはまらない。というのも、E子の状況とパットナムの例との間には、決定的な相違点がひとつあるからだ。「赤」は直接の知覚経験の感じを意味する単語だが、「楡」と

「ブナ」はそうではないという点である。私たちが降伏の旗を赤光ランプの下で見れば、赤く見える。赤という視覚の感じを経験する。この感じが「赤」という単語の意味なのだ。降伏の旗の色は赤ではない。白である。赤光ランプの下にあっても、それは赤い旗ではなく白い旗に変わりはない。赤く見えるだけのことだ。この「見え」が赤という感じであって、私たちのいう意味での「赤」であり、E子のいう意味での「緑」なのだ。(旗のような物理的な物体が赤いというのは、太陽の光のような白光の下で見たときこの赤い「見え」の感じが経験されるということである。)こういう意味で、「赤」とか「緑」などの単語の意味は、直接経験の感じ以外の何ものでもない。よって直接経験の感じそのものが異なれば、単語の意味も異なる。ところが、楡とブナは知覚の感じではない。木である。何がどの木かということを、知覚の感じだけで定義することはできない。楡とブナの違いは幹や葉などの部位の違いを含むが、「幹」とか「葉」とかいった概念は知覚の感じのみで定義できる概念ではない。物理的支持とか栄養物運搬とか光合成とかいった機能的概念が要る。シンプルな直接知覚の感じの概念からそのような複雑な機能的概念までの距離が、公けに分かち合われている言語の優位性の源なのである。逆にいえば、直接知覚の感じのシンプルさが、公けの言語の意味の圧力に屈しないプライベート言語独特の意味を擁護する砦でもあり、かつまた限界でもあるわけだ。

5の8．感じるコンピューター、感じる岩

さてここで、少しばかり冒険してみよう。感情や感じは、特定の行為と切り離され得るということを見た。行為とは、望みや思いに関する語彙によって記述された身体の動きである。よって、感情や感じは身体の特定の動きから切り離され得るということだ。さて（ここが冒険だ）それなら、感情や感じは身体そのものから切り離され得るだろうか。実際には無理だろうが、少なくとも概念が許す限りの思考実験の上で可能だろうか。私たちが経験する赤という視覚の感じを例として取ろう。この感じを経験するには、これこれの構造の視覚器官（眼球）とこれこれの視覚神経系がこれこれの様に組織運営され、これこれの出来事が脳で起こることが必要だ、と知覚生理学者は言うだろう。だが、熟したトマトを見ているE子の中ではこの生理学的な現象が起こっているにもかかわらず、E子は赤の感じではなく緑の感じを経験しているのだ。これは、この生理的事態は赤の感じを経験するための十分条件ではないということを示す。ならば（ここが冒険の中でも特に冒険的なところだ）、この生理的事態は赤の感じを経験するための必要条件でもないかもしれない。「十分条件でないなら、必要条件でもない」というのは明らかに論理的にまちがった推論である。論理に支えられていないこの跳躍

を、あえて試みようというところが冒険なのだ。

分析哲学者は常に論理だけに頼って考えていると思うのは、イタリア料理のシェフは毎日毎晩トマトソースのかかった料理しか食べないと思うのと同じくらいまちがっている。イタリア料理のシェフといえども、時には白いご飯に納豆をかけて食べることもあろう。(東日本出身のイタリア料理シェフだと思えば良い。)それと同じように、分析哲学者も、厳密に論理的推論とはいえない思索の飛躍を試みることがある。さてこの飛躍によると、問題の生理的事態は赤の感じを経験するために必要ではない。どうせ納豆を食べるなら、とろろも一緒に食べてみようと奮い立つイタリア料理のシェフのごとく、私たちも冒険しついでにさらにもう少し冒険してこう言ってみよう。「いかなる生理的事態のみならず、いかなる身体的状態も、赤の感じを経験するために必要ではない。」赤の感じは身体とは独立に経験することが可能だ、というアイデアである。身体に依存しない赤の感じというのは、身体以外の何らかの物理的な物に依存するのだろうか。いや、そうではない。もしそうだとしたら、結局その物が身体の役割を果たしていることになるからである。よって、ここで言う身体に依存しない赤の感じというのは、何の物理的な物にも依存しない赤の感じということだ。これは第3章の例その五に似ているが、それより遥かに控えめである。例その五では、ただひとつの赤の感じだけでなく、すべての種類の人間の心の経験が物理的な物の外で起きている。のみならず、K子という心を持つ実体が、すべての物理的な物から独立に存在している。もし赤の感じがすべての物理的な物から独立に経験可能だとしても、K子がすべての物理的な物から独立に存在可能だということにはならない。しかし、もし赤の感じがすべての物理的な物から独立に経験されるのが不可能ならば、K子がすべての物理的な物から独立に存在することも不可能である。

赤の感じが、すべての物理的な物から独立に経験されているとしよう。ここですぐさま問題になるのは、「経験されている」という言い回しだ。感じは本質的に感じられるものである。すなわち、経験されるものである。そして「経験される」は「経験する」の受動態の言い回しにすぎない。「Xが経験されている」は「何かYがあって、YがXを経験している」ということである。ちょうど、「納豆が食べられている」が「誰かY（たとえば米沢出身のイタリア料理のシェフ）がいて、Yが納豆を食べている」ということと同様である。つまり、感じが経験される時は、それを経験する何かがある。とすれば、ここで経験されている赤の感じを経験している何かとは何なのだ。すべての物理的な物は除外されているので、それは物理的でないものでなければならない。だがこれは、先に見た「棚の上のぼた餅」式の考察の行き着いた立場と同じで、維持することはむずかしい。行き止まりに突き当たったようである。

ところを入れたのが、まずかったのかもしれない。納豆だけの時点に話を戻そう。赤の感じは、生理的事態を必要としないが、何らかの物理的な物は必要とするということにしよう。人体のように生理的な状態を保てる物以外で、情報処理能力で人体に匹敵するような物理的な物はあるだろうか。ありそうである。コンピューターはどうだろう。赤の感じはコンピューターによって経験されることが可能かもしれない。知覚の感じを経験する主体としてのコンピューターというアイデアは、今のところ空想科学小説めいて聞こえるが、実のところは、納豆が好きなイタリア料理のシェフというアイデア以上の驚きを引き起こすべきではないのかもしれない。

ここでひとつ面白いのは、心の持ち主とコンピューターの類似は、望みと思いが知覚というインプットと行為というアウトプットを仲介するプログラムだ、というアイデアを触発するということだ。知覚というインプットは、行為というアウトプットを引き起こすような形で望みと思いを左右する要因としてのみ、このコンピューター比喩の中で有意義な位置を占める。つまり、行為から切り離された直接知覚の感じは、コンピューター比喩の中にうまくフィットしないのである。行為から切り離された感情についても同様のことが言える。全く逆の方向から同じことを言えば、インプット－アウトプットという概念の枠組みが最小限度しか当てはまらないような物理的な物も、行為から切り離された感情や感じを持つ可能性を秘めた主体としては、コンピューターと同等の立場にあるのだ。たとえば、E子の家の庭にある岩は、行為から切り離された感情や感じを持つことが可能かどうかという問題に関する限り、コンピューターとなんら相違はない。コンピューターがそういう感情や感じを持てるなら、岩も持てるかもしれない。この主張を受け入れられない読者は、行為から完全に切り離された感情や感じというアイデアを拒否し、その代わりに、感情や感じは、たとえもし行為に因果的影響を与えることはできないとしても、行為に因果的影響を与えられるような組織をもった物理的な物にのみ経験可能である、という立場を取る必要がある。

5の9．分析哲学史的な補足

「棚からぼた餅」式の考えは古くからあるが、それを前面に押し出して自分の哲学理論の大黒柱にしたのはデカルトである。身体と心というデカルト的二元論は、すでに見たような理由で分析哲学者にはあまり人気がない。分析哲学者の間でポピュラーな立場は、大きく分けて三つある。行動主義、同一主義、機能主義である。行動主義のもっとも明瞭な提唱者はオックスフォード大学のギルバート・ライル（一九〇〇―一九七六）で、その主な著書『心の概念』（一九四九）では、日常言語を徹底的に真に受けた上で取り組めば哲学的問題はすべて消失させることができるというヴィトゲンシュタイン的な態度のもとに、「機械の中の幽霊」を擁護するとしてデカルト的二元論を痛烈に批判している。当時のオックスフォードで流行っていた、この日常言語のみに依存した方法ではなく、自然科学的な角度からデカルト的二元論を否定するのが同一主義である。それを代表するのがオーストラリア唯物主義で、U．T．プレイス（一九二四―二〇〇〇）の「意識は脳の過程か」（一九五六）とJ．J．C．スマート（一九二〇―）の「感覚と脳の過程」（一九五九）の二論文がその始まりとされている。「雷は電荷の動きである」における「である」と同様の意味で「意識は脳の過程である」と言う彼らの主張には、今日でも多くの擁護者がいる。心があるものをコンピューターにたとえて理解するという試みはすでに見たが、その理論的基盤を与えているのが機能主義だ。パットナムの一九七三年の論文「心理的述語」は、コンピューターをモデルに心を分析しようとする最初の試みである。アメリカのプリンストン大学のデイヴィッド・ルイス（一九四一―二〇〇一）の一九七二年の論文「心理的および理論的同定」と、自然科学の容認するもの以外認めないという自然主義のオーストラリアにおける旗手、シドニー大学のデイヴィッド・アームストロング（一九二六―）の一九七七年の論文「心の因果論」は、機能主義における因果関係の重要さを明らかにしている。

思いや判断の分析は機能主義で良いが、感じや意識は機能主義的な分析はできないという立場を取るのが、これまたオーストラリアのオーストラリア国立大学のデイヴィッド・チャーマース（一九六六―）である。一九九六年に出版された彼の『意識ある心』という本には、世界中から大きな反響があった。感じや意識の本質は自然科学的な方法では扱えないというチャーマースの意見は、一種の二元論と言えるが、心を物理的でない実体として認めているわけではないので、デカルト的な実体二元論ではなく、属性二元論として知られている。

第6章 「かもしれなかった」とはどういうことか

6の1．もし奇数が出ていたとしたら……

第3章で知識について論議したとき、サイコロの話をした。「もし偶数が出れば、琵琶湖は淡路島より大きい」と「もし奇数が出れば、淡路島は琵琶湖より大きい」というふたつの仮定の下にサイコロを振ったら実際に偶数が出た、という話だ。サイコロを振るのは琵琶湖と淡路島の相対的な大きさを知るには頼ることのできない方法である、というのがそこでのポイントだったが、ここでは同じ例を別の観点から論じることにしよう。

まず次の問いから始める。「もし偶数が出れば、琵琶湖は淡路島より大きい」と「もし奇数が出れば、淡路島は琵琶湖より大きい」というこのふたつの仮定は、そもそも真なのだろうか偽なのだろうか。この仮定は両方とも「もしXならば、Yである」という、条件文と呼ばれる形をしている。さて一般に条件文は、いかなる状況下で偽となるのだろうか。Xという条件が満たされているならばYであると言っているのだから、偽であるためには、Xという条件が満たされておりかつYではないという状況が必要である。つまり、Xは真でYは偽であるという必要がある。これを「もし偶数が出れば、琵琶湖は淡路島より大きい」に当てはめてみよう。実際に偶数が出たのであり、実際に琵琶湖は淡路島より大きい。したがって、Xは真でYも真である。つまり、この条件文が偽であるために必要な状況ではないわけだ。ということは、第一の仮定は偽ではない、すなわち真であるということになる。

では、第二の仮定はどうだろう。同じように条件文なので、偽であるために必要な状況は同じである。奇数は出なかったので、Xは偽だ。淡路島は琵琶湖より大きくないので、Yも偽である。つまりここでも、Xが真でYが偽という状況はない。ということは、第二の仮定も偽ではない、すなわち真だということになる。

だが、これはおかしくはないだろうか。「もし奇数が出れば、淡路島は琵琶湖より大きい」は偽ではないのだろうか。実際には奇数は出なかったのだが、もし仮に出たとしても、依然として淡路島は琵琶湖より大きくはなかったろう。出たサイコロの目と、淡路島と琵琶湖の相対的面積との間には何の関係もないのだから。

第二の仮定が偽だという、この理屈は正しいのだろうか。いや、正しくない。ふたつの種類の条件文を混同しているからである。第二の仮定は「もし奇数が出れば、淡路島は琵琶湖より大きい」という条件文だが、この理屈が偽だと主張する条件文はこれではなく、「もし奇数が出ていたとしたら、淡路島は琵琶湖より大きかっただろう」という別の条件文なのである。両者のちがいはこうだ。「もし奇数が出れば、淡路島は琵琶湖より大きい」はサイコロを振る前に使う条件文で、どういう目が出るかわからないが、もし奇数ならば淡路島は琵琶湖より大きい、という意味である。その一方「もし奇数が出ていたとしたら、淡路島は琵琶湖より大きかっただろう」はサイコロを振ったあとで使うべき条件文で、実際は偶数が出たけれども、もし奇数だったならば淡路島は琵琶湖より大きかっただろう、という意味であって、もし実際に奇数が出ていたら使うべきではない条件文である。この後者の条件文は「反事実的条件文」と呼ばれ、Xの部分が明らかに事実に反することを述べているのが特徴だ。サイコロがどう転ぼうと淡路島と琵琶湖の面積関係が変わるわけではないので、この反事実的条件文は偽ということになる。偽である条件文は第二の仮定ではなくて、この反事実的条件文だというわけだ。

では、この「もし奇数が出ていたとしたら、淡路島は琵琶湖より大きかっただろう」という反事実的条件文について、もう少し深く考えてみよう。これが偽だということは誰にも明らかである。つまり、この文の真理条件が何であり、そしてその条件が満たされていない、ということは誰にも明らかだということだ。(文の真理条件のことは第4章で話した。)その誰にも明らかな真理条件とは何だろうか。それは、この反事実的条件文が満たしていない条件でなければならない。そして、この反事実的条件文がその条件を満たしていないということが誰にも明らかでなければならない。この反事実的条件文を「もしXだったとしたら、Yだっただろう」と図式化して考えよう。明らかに、Xすなわち「奇数が出る」は偽で、Yすなわち「淡路島は琵琶湖より大きい」も偽である。ということは、XとYが両方偽であるという条件はその文の真理条件ではないということだ。図式で表せば、真理条件としては4が排除されるということだ。

1　Xは真でYは真
2　Xは真でYは偽
3　Xは偽でYは真
4　Xは偽でYは偽

反事実的条件文はXが偽でなければ使われるべきではないが、もし使われてしまったとしたら、1の場合は真で2の場合は偽となるのは明らかである。「もし偶数が出ていたとしたら、琵琶湖は淡路島より大きかっただろう。」は明らかに真であり、「もし偶数が出ていたとしたら、淡路島は琵琶湖より大きかっただろう」は明らかに偽である。よって、反事実的条件文の真理条件に1を加え2を排除することができなくはない。だが1と2はXが真である場合なので、Xが偽であるときにのみ本当の意味で有効であるという反事実的条件文の神髄にそむく。というわけで、1と2は反事実的条件文の真理条件の考慮からはずそう。

残るは3である。「もし奇数が出ていたとしたら、琵琶湖は淡路島より大きかっただろう。」この反事実的条件文は真か偽か。もちろん真だ。だが一般に、Xが偽でYが真であるような反事実的条件文はすべて真だ、と言うことはできるだろうか。たとえば次の例はどうだろう。「もしサイコロを振らなかったら、偶数が出ただろう。」これは明らかに偽である。振らないサイコロに、偶数も奇数も出ようがないからだ。しかし、実際にはサイコロは振られ偶数が出ている。つまりXは偽でYは真だ。これは3である。3の形の反事実的条件文で偽なのである。ということは、3の形をした反事実的条件文がすべて真だというわけではないのだ。

3も4も反事実的条件文の真理条件を一般的な形で表していない、ということが分かった。にもかかわらず私たちは、「もし奇数が出ていたとしたら、琵琶湖は淡路島より大きかっただろう」を真、「もし奇数が出ていたとしたら、淡路島は琵琶湖より大きかっただろう」を偽と躊躇することなく判断する。それは私たちが、反事実的条件文の一般的な真理条件をこのふたつの例にあてはめた結果である。私たちには、反事実的条件文の一般的な真理条件が実はちゃんと分かっているのである。問題は、そういう私たちの知識をいかにしてはっきりと言葉に表すかである。1から4の図式が不適格だということを見たわけだが、それではいったい何が適格なのだろう。

それを見つけるために、私たちは正確にはどういう行程で、反事実的条件文の真偽を判断するに至るのかを検討することにしよう。なぜ私たちは、「もし奇数が出ていたとしたら、琵琶湖は淡路島より大きかっただろう」を真と判断するのか。実際に出た目は偶数で、奇数ではなかったということは分かっている。だがこの反事実的条件文のXは奇数が出た場合のことを言っている。実際には起こらなかったことが、実際に起こったことの代わりに起こった場合のことである。だから、私たちはまずそういう場合のことを考えることから始めるわけだ。1から4の図式が不適格なのは、XとYの実際の真偽だけを扱っているからである。Xが実際には偽だが仮に真であると仮定されている、という事情を扱っていないからである。実際には起こらなかった状況を、起こっていたとして考慮する必要があるのだ。サイコロの出た目が奇数だった状況のことを考えることから始めるのである。それは出たサイコロの目だけではなく、それを振った人やそれを見ていた人たち、そしてその出来事が起こった場所など現実世界にあるすべてのものを含む反事実的状況である。実際に起こっていないという点を除けば、この状況は現実世界の状況と変わりない十分ありうる状況だ。たとえば、サイコロを振る手の振りが実際より少し弱かったら実際に起こっていたかもしれないような状況である。そういう意味で、こういう状況の世界を「非現実の可能世界」と呼ぼう。実際には起こっていないが、起こっていたかもしれない状況の世界というわけだ。

さて、Xが真であるような非現実の可能世界を考えてから、私たちは次にどうするのか。その非現実の可能世界において琵琶湖は淡路島より大きいかどうかを判断するのだろうか。いや、それはできない。というのも、「その非現実の可能世界」なるものは一義的に決まらないからだ。サイコロの目が奇数と出る可能性はひとつだけではない。一が出るかもしれないし、三が出るかもしれないし、五が出るかもしれない。このうちどれが出ても奇数が出たことになる。それだけではない。仮に五が出たとしよう。これで非現実の可能世界がひとつに絞られたのだろうか。とんでもない。五が出るような非現実の可能世界はいくらでもある。手の振りが弱くて五が出る世界、強くて五が出る世界、ちょうど中間で五が出る世界。サイコロを振るときに瞬きをして五が出る世界、瞬きをしないで五が出る世界。サイコロが五で止まる瞬間に振った人の右心房が収縮する世界、拡張する世界、収縮と拡張の中間期にある世界。そのとき振った人が顎をさする世界、さすらない世界。一時間前にその人の母親がくしゃみをした世界、していない世界。数多くあるこういう非現実の可能世界のうちの、どれを私たちは考えればいいのだろう。「どれでもいいじゃないか。結果は同じことなんだから」と言うのはまちがっている。いくつもある非現実の可能世界のなかには、次のような世界も混じっているからだ。

優れた測量技師が、琵琶湖の水表面面積と淡路島の面積を測ったとしよう。測量の結果は正しいとする。そして、あなたはその測量技師と結託して、測量の結果を反映するようにサイコロに細工をしたとしよう。測量の結果琵琶湖が淡路島より大きかったら偶数が出るように細工し、淡路島が琵琶湖より大きいという測量結果なら奇数が出るように細工する。このプランをプランPと呼ぼう。そして、プランPはすべて滞りなくうまくいったとする。そこで、サイコロが振られる。その結果出た目は五。

このような非現実の可能世界においては、五が出るということは何を意味するのだろう。もちろん、淡路島が琵琶湖より大きいということを意味する。ということは、「もし奇数が出ていたとしたら、琵琶湖は淡路島より大きかっただろう」を真と判断する私たちは、プランPが遂行されているこのような非現実の可能世界を念頭においているのではないということだ。つまり、奇数が出たような非現実の可能世界のすべてが私たちの考慮の対象ではないということである。では、どういう世界が対象になるのだろう。それを見るために、目下考慮中の反事実的条件文を、もうひとつ別の反事実的条件文と比べてみよう。「もし測量技師とあなたが結託し、プランPを滞りなく遂行したあとで奇数が出ていたとしたら、琵琶湖は淡路島より大きかっただろう。」この反事実的条件文は真でなく偽である。そう判断するに当たって私たちは、プランPが問題なく遂行されたあとで奇数が出たという非現実の可能世界を考え、そこで琵琶湖は淡路島より大きいかどうかを見るのだ。そして、そこでは淡路島が琵琶湖より大きいはずだという判断から、この反事実的条件文は偽であるという結論に達するのである。もちろん、もしサイコロの細工にまちがいがあり、偶数を出させる意図でした細工の結果奇数が出てしまったような場合は、(そのまちがいを打ち消すような誤りが測量で犯されていない限り)琵琶湖が淡路島より大きい。だが私たちは、「もし奇数が出ていたとしたら、琵琶湖は淡路島より大きかっただろう」という反事実的条件文の真偽をふつうに考える場合、そもそもプランPが出てくるような非現実の可能世界を考慮することはない。

ここまでの話をまとめると、次のようになる。「もしXだったとしたら、Yだっただろう」という反事実的条件文の真偽を判断するに当たって私たちは、まずXが真であるような非現実の可能世界を考える。そして、そのような世界のうちで、Xが語っていない点で現実世界とちがうような世界は無視する。実際には偽であるXを真にするためには現実世界を変える必要があるが、しなくてもいい変更をしてあるような世界は無視するということだ。すなわち、Xを真にするために現実世界に必要最小限の変更をした非現実の可能世界だけを考える、ということである。そういう世界のすべてにおいてYが真であれば、その反事実的条件文は真であり、偽であればその反事実的条件文は偽である。また、そういう世界のうちのある世界でYは真だが別のある世界で偽であれば、その反事実的条件文は真でも偽でもない。(「もし奇数が出ていたとしたら、出る瞬間にあなたの右心房は収縮していただろう。」) 現実世界を必要最小限変更するというアイデアに基づくこの真理条件は、反事実的条件文に一般的によく当てはまる。それを確かめるために、例をさらにいくつか見よう。

A子には昨日、生物学のテストがあった。受けても受けなくてもいいテストだが、受けて良い点を取れば、学期の後半が少しだけ楽になる。すでに勉強はしてあるので、受ければ良い点を取れる。だが同じ日に、好きなグループのロックコンサートがある。コンサートへ行けばテストは受けられない。テストを受ければコンサートには行けない。よくよく考えた末、A子は結局コンサートへ行くことに決めた。そしてその決断どおりコンサートへ行った。もちろん、生物学のテストは受けなかった。

ここで「もしA子がコンサートへ行かなかったとしたら、A子はテストで良い点を取っていただろう」という反事実的条件文について考えてみよう。実際は行ったのだが、もし行かなかったとしたら、どうなっていただろう。テストで良い点を取っていただろうか。A子がコンサートに行かないという相違点と、その相違点が最小限度要求する更なる相違点以外では、現実世界と変わらない非現実の可能世界を考える。そこでは現実世界と同じように生物学のテストがあり、A子はそのテストの準備がすでに十分できている。現実世界と最小限度ちがう形でコンサート行きが起こらないのは、A子が行かないという決心をするということだとすれば、コンサートかテストかという選択ではテストに軍配が上がるので、A子はテストを受け良い点を取る。よって、この反事実的条件文は真だということになる。だがもし、現実世界と最小限度ちがう形でコンサート行きが起こらないのは、A子を乗せた地下鉄電車がコンサート・ホールの駅へ向かう途中故障して三時間立ち往生したせいだとすれば、A子はコンサートにもテストを受けにも行けないことになる。よって、その場合この反事実的条件文は偽である。また一方、もしA子が行かないという決心をすることが彼女がコンサートへ行かない原因である世界と、地下鉄電車が立ち往生することが彼女がコンサートへ行かない原因である世界が、現実世界から等間隔の距離にあるならば、この反事実的条件文は真でも偽でもない。

「もし松山市と松江市が同じ県にあったとしたら、松山市は島根県にあっただろう。」「もし松山市と松江市が同じ県にあったとしたら、松江市は愛媛県にあっただろう。」このふたつの反事実的条件文は、ともに真でも偽でもない。松山市が島根県にある世界と松江市が愛媛県にある世界は、現実世界から同じ程度に離れているからである。だが両者は、松山市と松江市が両者とも青森県にある世界よりは現実世界に近い。よって、「もし松山市と松江市が同じ県にあったとしたら、松山市は青森県にあっただろう」と「もし松山市と松江市が同じ県にあったとしたら、松江市は青森県にあっただろう」はともに偽である。

これまで見た例のほかに、反事実的条件文にはもっと実用的な使い道がある。再びA子に戻って、どうしようかと迷っている時点での彼女の心の動きを見てみよう。テストを受ければ後で少し楽になる。コンサートに行けば楽しい。両方はできない。どちらがより望ましいか。コンサートだ。ゆえにコンサートに行く。これは、意思決定における典型的な例である。相互排除的選択肢がふたつまたはそれ以上あり、それらを各々吟味してもっとも望ましい結果を生む選択肢を取る。各々の選択肢の吟味をするときに、反事実的条件文の言い表す命題が顔を出すのだ。「もし私がテストを受ければ、良い点を取って後で楽になる。」「もし私がコンサートに行けば、楽しい思いをする。」意思決定の熟慮をしている時点では、このふたつの条件文のうちどちらが反事実的条件文かまだわからないが、どちらかがそうなることは確かだ。テストを受けるのとコンサートに行くのは相互排除的なので、その両方が起こることはないからである。(コンサートにも行かないしテストも受けないということになるかもしれない。そうなったら、このふたつの条件文は共に反事実的条件文になる。)それぞれの反事実的条件文のXを真にすればいかなる結果がついてくるかを見るために、A子は現実世界から最小限離れた非現実の可能世界を考える。そして、テスト→良い成績→楽な学期という出来事の流れがおきる世界と、コンサート→傾聴→楽しい思いという出来事の流れがおきる世界を比べ、どちらの世界に住みたいかを決めるのである。私たちが何をしようかと決めるために熟慮するときは、いつもこういう風に非現実の可能世界のお世話になっているわけなのだ。

この章の題にある「かもしれなかった」という概念の分析に可能世界が決定的に重要な役割を果たすことはここまで来れば明らかであり、特に非現実の可能世界が、「かもしれなかった」という概念を担った多くの命題の真理条件満足のために不可欠だということは判然としている。「私は、ギョーザのたれの皿を床に落とさなかったかもしれなかった」は「私がギョーザのたれの皿を床に落とさなかったような可能世界がある」、「A子はコンサートに行かなかったかもしれなかった」は「A子がコンサートに行かなかったような可能世界がある」とそれぞれ分析される。現実世界では、私はギョーザのたれの皿を床に落とし、A子はコンサートに行ったので、このふたつの「かもしれなかった」式の文が真であるためには、非現実の可能世界がなければならないのである。

ここまでは、反事実的条件文の真理条件を適切に述べるために非現実の可能世界を駆使し、それが意思決定にも顔を出すということを見た。可能世界一般が「かもしれない」式の文の分析に係わっているということも見た。ではここで、可能世界なるものそのものについて考えることにしよう。可能世界には二種類ある。現実世界と非現実の可能世界だ。非現実の可能世界とは、現実世界と同じ種類のものだが、現実でなくただ可能なだけのものである。そこで次のことについて考えてみよう。現実世界はどういう種類の存在か。世界が現実だとはどういうことか。そして、世界が可能だとはどういうことか。

6の2．現実世界

現実世界については三つの異なった意見がある。もの主義、こと主義、命題主義の三つである。どの意見を取るかによって、可能世界一般の見方が大きく分かれる。この三つの主義を順番に見ることにしよう。

もの主義によれば、現実世界はもの、すなわち物体である。あなた、あなたの黒いコート、A子、A子の青いノートなどがみな物体であるように、現実世界もひとつのある物体だということだ。あなたの黒いコートやA子の青いノートは、現実世界というその物体の小さな部分である。そして、あなたもA子も私もまた、その物体の小さな部分である。私たちの周りの人々、動物、植物、鉱物、人工的に作られた物すべてが、同じようにその物体の部分である。地球上の物だけが現実世界の部分ではない。火星、金星、太陽、そのほか宇宙のすべての物がそうである。現実世界とは、そういう物すべてから成っているとてつもなく大きな物体なのである。現代物理学が主張するように宇宙空間そのものが物ならば、それも現実世界の部分だ。つまり、もの主義によれば「現実世界」とは、私たちと、私たちから何でもいいから何らかの距離に存在する物すべてをまとめて指す言葉なのである。現実世界とは、そうした物すべてを部分として持つ最大の物であって、現実世界に存在するとは、その物の部分であるということだ。これが、もの主義である。

一方こと主義によれば、現実世界はこと、すなわち事態である。あなたが黒いコートを着ているということや、A子が青いノートを抱えているということが事態であるように、現実世界もひとつのある事態だというわけだ。あなたが黒いコートを着ているという事態は、現実世界というその事態に含まれている（としよう）。A子が青いノートを抱えているという事態もそうだ（としよう）。現実世界は、実際に起こっているすべての事態を含む、とてつもなく包容力の大きい事態なのである。何かが現実世界に存在するとは、その事態に含まれる何らかの事態の参加者であるということだ。コートが黒いという事態には、コートという物と黒いという属性が参加者としてある。あなたがコートを着ているという事態には、参加者が三つある。あなた、コート、そして着ているという関係の三つである。黒いという属性や着ているという関係は、事態から切り離されてあることはできない。それと同じように、あなたやコートという物も事態から独立にあることはできない。あなたが黒いコートを着ているという事態、あなたがテレビで砂漠の標識を見ているという事態、医者があなたの脈を取っているという事態、などの諸事態の共通項としてのみあなたがある。これが、もの主義とこと主義の主な相違である。この相違点を除けば、もの主義とこと主義はかなり似ていると言えなくもない。

それに比べて命題主義は、ちょっと趣がちがう。命題主義によると、現実世界は物体でも事態でもなく命題である。命題は、文が言っている内容としてすでに何回か話に上っているが、真理条件がその本質であるということを思い出してほしい。「A子は青いノートを持っている」という文が言っている命題は実際に真だが、「A子は火星に住んでいる」という文が言っている命題は実際に偽だ。実際に真である命題を言っている文を全部並べて「そして」で繋げてできたとてつもなく長い文が言っている命題が現実世界だ、というのが命題主義である。「A子は青いノートを持っている、そしてカモノハシは哺乳類である、そしてA子は火星に住んでいない、そして象は鼻が長い、そしてアラスカはアメリカにある、そしてフッ素の原子番号は素数ではない、そしてあなたは分析哲学の入門書を読んでいる、そして太陽は恒星だ、そしてチーズケーキは甘い、そして……」(この長い文は永遠に続く。)あるものが現実世界に存在するということは、そのものが存在するという命題を言っている文が、この長い文の一部であるということである。

6の3．現実世界は特別な世界である

現実世界とは何かについてのこの三つの異なった意見は、現実世界をただ単に可能なだけでなく現実にしているのは何か、という問題に対しても異なった答えを出す。ここではまず、こと主義と命題主義から見ることにしよう。このふたつには、もの主義にはない共通点があるからだ。それは、現実世界を現実世界たらしめるものは、他の可能世界にはない何か特別な属性である、という主張である。もっとも、それがどんな属性であるかについては、こと主義と命題主義のあいだで意見が分かれる。

こと主義によると、この特別な属性とは「事態が起きる」という属性である。事態が起きるという概念には二種類ある。絶対的な概念と相対的な概念だ。二〇〇〇年と二〇一〇年の間に日本の内閣総理大臣の役職についていた人は八人いる。つまり、その十一年間に日本には総理大臣が八人いた、と

いう事態が起きている。「二〇〇〇年と二〇一〇年の間に日本に総理大臣が何人いましたか」という問いに対する正しい答えは「八人」である。これこれに相対的に八人というわけではなく、ただ単に、すなわち絶対的に、八人なのである。その十一年間の総理大臣の数が八人だという事態は、絶対的に起きている。これが、絶対的な意味での事態が起きるという概念である。では、相対的な意味での事態が起きるという概念とは何か。二〇〇〇年と二〇一〇年の間に日本の内閣総理大臣の役職についていた人が九人いる、という事態は起きてはいない。絶対的な意味では起きてはいない。だが、いくつかの非現実の可能世界においては起きている。総理大臣の職は、時の政治情勢によって大きく左右され、問題の十一年間に九人の総理大臣がでるような政局の動きがある非現実の可能世界は数多くある。そういう世界においては、その十一年間に総理大臣が九人でたという事態は起きている。つまり、そういう世界ひとつひとつに相対的に、その事態が起きているのである。絶対的な意味では総理大臣の数は八人だが、これらの可能世界に相対的には九人である。また別の可能世界に相対的には、七人であったり十人であったりする。可能世界一般の話になる前にすでに「八人」という答えが正しいということは明らかである一方、「九人」という答えや「七人」という答えが正しいかどうかは、どの可能世界が話題になっているかによる。これが、絶対的な意味での「事態が起きる」という概念と、相対的な意味での「事態が起きる」という概念のちがいである。こと主義によると、現実世界とは、そこで起きる事態が絶対的な意味で起きる世界であって、それ以外の世界で起きる事態は、すべてそれら各々の世界に相対的に起きている。

命題主義も、現実世界についてはこれと並行したことを主張する。事態が起きるということの代わりに、命題が真であるというだけの違いしかない。絶対的な意味で命題が真であるような世界が現実世界で、それ以外の可能世界での命題の真理は、各々の世界に相対的な意味での真理でしかない。これ以上言わなくてもすでに明らかかもしれないが、一応、こと主義に関しての説明と並行した命題主義に関する説明をしておこう。まず、相対的な真の概念と絶対的な真の概念の区別から。U助の身長が一六八センチでK子の身長が一七〇センチの可能世界を考えてみよう。この可能世界では、K子はU助より背が高いという命題は真である。その一方、U助の身長が一六九センチでK子の身長が一六七センチの可能世界では、その同じ命題は偽である。命題の真偽が可能世界によって異なる。つまり、真理は可能世界に相対化されている。これが相対的な真理の概念である。しかし、分析哲学教室の外での普通の日常会話においては、真理は可能世界に相対化されない。実際のところU助の身長は一七一センチであり、K子の身長は一七二センチである。もし誰かが「K子はU助より背が高いですか」と聞いたとすれば、正しい答えは「はい、そうです」である。K子はU助より背が高いという命題は真だということだ。何々に相対的に真だというのではなく、ただ単に真だというのである。これが絶対的な真理の概念だ。命題主義によると、現実世界とは、そこで真である命題が絶対的な意味で真である世界であって、それ以外の世界で真である命題は、すべてそれら各々の世界に相対的に真である。

6の4．現実世界は特別な世界ではない

現実世界は世界として特別だと主張する命題主義とこと主義とは正反対に、もの主義は、現実世界は世界として非現実世界と何ら変わるものではない、何ら特別な世界ではないと主張する。もの主義は、こと主義や命題主義のように現実世界の現実性を何らかの特別な属性で説明することはできないので、もの主義のこの主張はもっともだ、ということを見てみよう。事態は起きたり起きなかったりするものなので、こと主義は世界の現実性を、絶対的な意味での「起きる」という概念に基づいて分析できる。命題は真だったり偽だったりするものなので、命題主義は世界の現実性を、絶対的な意味での「真である」という概念に基づいて分析できる。だが、事態について「起きる」ということや命題について「真である」ということに相当するのは、物体については何なのだろうか。それは、「存在する」である。もの主義者は、存在という概念に相対的な意味と絶対的な意味の区別をつけられるだろうか。もの主義によると、何かの物が存在するということは、それがより大きな物の一部分であるということだ。たとえば、あなたがこの町にいる（存在する）ということは、あなたがあなたより大きいこの町という物の一部分だということであり、この町やあの村がこの国にある（存在する）と

いうことは、この町やあの村がより大きいこの国という物の部分だということである。このように、存在は「……の部分である」という相対性を含意する概念で理解されている。すなわち、存在そのものが既に相対的な概念だということである。絶対的な意味での存在は、もの主義の立場からは承認できない。これが、もの主義が世界の現実性を、絶対的な意味での何か特別な属性で説明できない理由である。では、もの主義は、現実世界である可能世界とそうでない非現実的な可能世界をどのように区別するのだろうか。

もの主義によると、現実世界は、私たちがその部分であるような最上限に大きなものである。それを「現実世界」と私たちが呼べるのは、私たちがその部分だからである。可能世界は数限りなくあるが、特定の可能世界を「現実世界」と呼ぶのは、ちょうど地球上に数多くある場所のなかで特定の場所を「ここ」と呼ぶのと似ている。第4章で、どんな発話状況の下でも、その発話の場所を指すのが「ここ」という言葉であるということを見た。そこであつかった砂漠の標識や留守番電話のメッセージのような特殊な場合を除いた普通の発話行為においては、発話者がどこにいようと「私はここにいる」は真であることが保証されている。しかしだからといって、発話者が「ここ」と言っている場所が特別な場所であるということにはならない。発話の場所になり得る所ならどこでも「ここ」と言われ得るのだから。もの主義によると、「現実世界」という言葉は、この点で「ここ」という言葉と非常に良く似ている。私たちを部分として持つ可能世界が現実世界であるのは、私たちが使う「現実世界」という言葉が、いかなる発話状況においてもその発話が起きている世界を指す言葉だからである。「ここ」と「現実世界」のあいだの唯一のちがいは、発話が起きる場所と発話が起きる世界のちがいだ。つまり、単なる場所と世界のちがいである。もの主義によれば世界は最大限の物体なので、このちがいは場所と最大限の物体のちがいにすぎないことになる。私が今「現実世界」という言葉を使うとき、その発話行為は現実世界で起きる。ちょうど、私が今「ここ」という言葉を使うとき、その発話行為がここで起きるのと同じである。無数にある可能世界のなかで現実世界が特別な世界だというわけではないのだ。私がそこにいるから私が「現実世界」と呼べる、というだけのことだ。誰かほかの人が別の世界にいれば、その人はその世界を「現実世界」と呼べる。どの世界が「現実世界」かは、誰がどの世界で「現実世界」という言葉を使っているかによる。ちょうど、どの場所が「ここ」かというのが、誰がどの場所で「ここ」という言葉を使っているかによるのと同じだ。現実性そのものが発話の状況に相対的だというわけである。

もちろん、「現実世界」と「ここ」は全く同様ではない。私もあなたも、それぞれの場所にいるが、自分のいる場所を変えることができる。弘前で「ここ」と発話したあと長崎へ飛んでそこで「ここ」と発話しようと思えば、少し時間と経費はかかるができないことはない。最初の発話では「ここ」は弘前だが、二番目の発話では「ここ」は長崎だ。同じことが「現実世界」についても言えるのだろうか。残念ながら言えない。もの主義によれば、私たちがこの現実世界にいるということは、私たちがこの世界の部分であるということだ。ほかの可能世界も同じように、それぞれ数多くの部分から成っており、ほかの世界に存在する人々はその世界の部分である。どの可能世界も最大限の物体なので、ひとつの可能世界の一部分がその可能世界から離れて新たに別の可能世界の部分になる、ということは意味をなさない。つまり、ある物がある可能世界に存在するなら、その物はその可能世界から離脱することはできない。可能世界間の旅行は無意味なのだ。これが場所と世界の大きなちがいである。

ただここで注意すべきなのは、可能世界間の旅行が意味をなさないからといって、すべての可能な物はただひとつだけの可能世界に存在しそれ以外の可能世界には存在しない、ということにはならないということだ。私もあなたもこの現実世界に存在し、そこからほかの世界へ移ることはできないが、ほかの世界に存在しないわけではない。実際あなたは今この本を読んでいるが、読書する代わりに散歩に出ていたかもしれない。現実世界ではあなたはこの本を読んでいるが、ある非現実の可能世界では散歩をしている。ということは、あなたはそのような非現実の可能世界に存在する、すなわち、そのような非現実の可能世界の部分であるということだ。あなたは現実世界のほかに多くの非現実の可能世界に存在する、すなわち、その部分である。現実世界からそこへ移ったのではなく、初めからそこにいるのである。だがそんなことがどうして許されるのか。一人の人間であるあなたが全く別のふたつの物の部分であるなどということが、どうして起こり得るのか。この問いに答えるには、時間の比喩を使うのがもっとも効果的だろう。

あなたは、ある読書会に所属しているとしよう。その読書会は会員がひと月ごとに少しだけ変わる。毎月、何人かが抜けて何人かが新しく入る。あなたは二月初めから八月末まで会員だったとしよう。その七ヵ月の間に、七つの少しずつちがうグループに属したわけだ。あなたというひとりの同じ人間が、七つのちがったグループの一員であったということには何の不思議もない。そして、異なったグループで異なった役割を果たすことも簡単にできる。たとえば二月には部屋の片付け係、三月にはお茶注ぎ係、四月には会計係、といった具合に。グループを可能世界で置き換え、グループの一員であることを可能世界の一部分であることで置き換えれば、あなたが幾つものちがった可能世界の一部分であり、異なった可能世界で異なった属性をもつのに何の困難もないということが分かる。

ここで注意すべきは、読書会のグループの例では、時間の経過が重要な要素だということである。同じ月、たとえば二月だけに限って言えば、あなたが属しているグループはひとつだけだし、そのグループでの役目も同じだ。時間がたって次の月になって初めてあなたは別のグループに属し別の役目を持つ。可能世界の場合、時間の経過に相当するものはいったい何だろう。それは、可能世界が存在する「空間」の広がりである。読書会の異なったグループが異なった時間を占めるように、異なった可能世界はその「空間」内の異なった「位置」を占めるのである。もちろん、ここで言う「空間」は物理的な意味での空間ではなく、「位置」も物理的な意味での位置ではない。それは次のような議論で証明することができる。可能世界は、物を部分としてもつ最大限の全体である。同じ可能世界の異なった部分であるためには、互いに接触している必要はない。たとえば、現実世界の私とあなたは、同じ可能世界の異なった部分であるが接触していない。同じ物理的空間内にあるというだけで十分なのだ。ある物Xとある物Yが同じ物理空間内にあれば、XとYは同じ可能世界の部分である。よって、もしある可能世界Xとある別の可能世界Yが同じ物理空間内にあれば、XとYは同じ可能世界の部分である。しかし、可能世界は最大限の全体であるので、ふたつの異なった可能世界が同じ可能世界の部分であるなどというのは意味をなさない。ゆえに、可能世界が存在する「空間」は物理空間ではない。何かラベルが欲しければ、「形而上空間」とでも言えばいいだろう。そして形而上空間内の位置は、「形而上的位置」と呼べばいいだろう。可能世界は形而上空間に存在し特定の形而上的位置を占める、というわけである。

ここで分析哲学感覚の鋭い読者は、こういう疑問を抱くかもしれない。「少し前に、もの主義によれば現実世界とは私たちがその部分であるような最大限に大きな物だ、ということを見た。しかし今ここでは、私たちは数多くの異なった可能世界の部分であると言う。ということは、数多くの異なった可能世界が現実世界だということになってしまう。これは、まずいのではないか。現実世界は、ただひとつだけであるべきなのだから。」この疑問は一見もっともに見えるが、よく考えると混乱している。私はいくつもの異なった可能世界の部分である。だが、だからと言って、私が実際に「現実世界は、私がその部分であるような最大限の物だ」と言うとき、それを言っている私はいくつもの可能世界の部分であるということにはならない。いくつもの可能世界の部分である幾人もの私のうち、そういう発言をしていない者が大多数を占める。そして、そう言っている幾人もの私のなかでも、実際にそう言っているのは一人だけであり、その一人が部分である可能世界が現実世界なのである。別の言い方をすれば、「現実世界は、私がその部分であるような最大限の物だ」という言葉を発している、幾つもの可能世界の中の幾人もの私の一人一人にとって、自分自身が部分である可能世界がその自分の言う「現実世界」なのである。異なった月に「私がいま属する読書会のグループ」という名詞句をあなたが発すれば、月ごとに異なったグループを指す。「私がいま属する読書会のグループ」という言葉は七ヵ月の間に七つのちがったグループを指すことになる。だからといって、ある特定の月にあなたが発する「私がいま属する読書会のグループ」という言葉が七つのちがったグループを指すわけではない。七ヵ月の期間のうちいつでも「今月」という単語を発することはできるが、だからといって今月という月が七つあるわけではない。

すべての可能世界は世界としては同等であり、任意の可能世界が、その可能世界の部分である者にとっては「現実世界」なのである。もの主義のこの可能世界の平等論に基づけば、こと主義と命題主義の不平等論を次のように批判することができる。

事態が「起きる」や命題が「真である」という概念に関して相対的‐絶対的という区別がつくと思うのは、相対的な概念がどう使われるかについての理解が足りないせいである。私たちは実際に存在しているので、実際に何が起きるか、実際に何が真であるかということが特に気になる。非現実の可能世界で起きる事態や非現実の可能世界で真である命題よりも、現実世界で起きる事態や現実世界で真である命題のほうに自然に注意が向くのだ。私は、床にギョーザのたれが飛び散らなかったという事態や命題よりも、床にギョーザのたれが飛び散ったという事態や命題に自然に注意がいく。なぜそうなのかに関しては色々な意見があろうが、理由が何であるにせよ、すべての可能世界のなかで現実世界が特に私たちの注意をひくということは否定できない。だから分析哲学教室の外で日常的に事態の起こりや命題の真理を普通に語るとき、わざわざ現実世界に言及するようなことはしないのだ。現実世界のことを話しているのだということが、暗黙のうちに了解されているのが当たり前だからである。

私たちは暗黙に了解されていることは省略する、というのは可能世界の話に限ったことではない。たとえば、A子が「あした一緒にコンサートに行こう。『戻ってきた積乱雲』だよ」と言って友人を誘うとき、この誘いの言葉の陰には暗黙に了解されていることがたくさんある。それを全部言葉に出して言ったとしたら、コンサートまでに喋り終わることはできないだろう。ほんの少しだけ例をあげれば、「戻ってきた積乱雲」によるコンサートだと言っているのであって、「戻ってきた積乱雲」と一緒にコンサートに行こうと言っているのではない。車とかバスとか電車とか通常の交通手段を使って行こうと言っているのであって、昨日タイから着いたばかりの象を動物園から盗んでそれに乗って行こうと言っているのではない。家からコンサート・ホールまで地下のトンネルを掘って行こうと言っているのでもない。マリー・アントワネット風のコスチュームを着て行こうと言っているのでもない。コンサートを楽しむために行こうと言っているのであって、選択公理からの連続体仮説の独立性を証明するために行こうと言っているのではない。新しいチーズケーキのレシピを試すために行こうと言っているのでもない。……

こと主義や命題主義の言う絶対的な意味での事態の起こりや命題の真理とは、相対的な意味での事態の起こりや命題の真理が現実世界に相対化されただけのことである。現実世界のことが問題になっているということはあまりにも明らかなので、暗黙のうちに了解され言葉に出されていないだけの話である。どの世界にも相対化されていない、絶対的な意味での事態の起こりや命題の真理などというものはない。それがあると思うのは、現実世界で何が起きるか何が真かに特別の注意を払う私たちの自然な心の動きを、現実世界が持つ何か特別な属性とまちがえているにすぎない。非現実の可能世界にいる人々は、ちょうど私たちが現実世界での動向に特別な注意を払うのと同じように、その非現実の可能世界での動向に特別な注意を払う。誰かの特別な注意の的となるのは現実世界だけではないのだ。

6の5．可能だから可能だ

現実世界も非現実の可能世界も、ともに可能世界であることに変わりはない。もの主義によれば、可能世界とは最大限に大きい物体である。これは可能世界の一般的定義である。ならば、こと主義と命題主義には可能世界の一般的な定義はあるのだろうか。まずこと主義をみよう。

現実世界は、実際に起きている事態をすべて含む大きな事態である。とすると、非現実の可能世界は、実際には起きていないが起きていたかもしれなかった事態をすべて含む大きな事態であるのだろうか。いや、とんでもない。それはありえない。それには大きな問題があるからだ。もし非現実の可能世界が、実際に起きていないが起きていたかもしれなかった事態をすべて含む事態であるならば、非現実の可能世界はひとつしかないことになる。これでは困る。非常に困る。なぜ非常に困るかの理由を説明しよう。川のほとりでU助が、たまたま川に洗濯に来ていたおばあさんと世間話をしていたとする。その世間話の間、U助は川のほとりの木の切り株に腰をおろしていた。腰をおろす代わりに、川のほとりに立って話をすることもできたし、寝転んで話をすることもできた。たまたま跳んで出たウサギを追いかけて来たら切り株に出くわしたのでそこに腰をおろしたというだけで、切り株を見なかったら立っていたかもしれないし、あるいは寝転んでいたかもしれない。実際には起こっていないが起こっていたかもしれなかった事態をすべて含むような非現実の可能世界があるとすれば、それはU助が立っていたという事態を含む。と同時に、U助が寝転んでいたという事態も含む。すなわち、そのような非現実の可能世界では、おばあさんと世間話をしているあいだU助は立っていた、そして、同じおばあさんと同じ世間話をしている同じ時間U助は寝転んでいた。U助は立っていながら同時に寝転んでもいた、ということになってしまう。いかに身のこなしが速くても、これはできない。そんな世界は矛盾している。つまり、そのような非現実の世界はじつは非現実の可能世界ではなく、非現実の不可能世界なのである。

問題は、U助がある特定の時間に立っているという事態と、U助が同じ時間に寝転んでいるというふたつの事態が、一緒の世界に含まれてしまっているということである。では、そのふたつの事態を別々の世界に含めればいいわけだ。U助が立っている事態が含まれている世界には、もちろんほかの事態も含まれている。ではどういう事態が含まれ、どういう事態が含まれていないのだろうか。U助が川の中で泳いでいるという事態は含まれるべきではない。もし含まれれば、寝転んでいる事態も含んだ場合のように不可能世界になってしまうからだ。こうして考えてみると、結局、U助が立っている事態が含まれている世界には、それと矛盾しない、整合的な事態だけを含めるべきだということがわかる。U助が立っているという事態を含み、かつ相互に整合的な事態を含めるだけ含めた最大限の事態が、ひとつの非現実の可能世界となる。U助が寝転がっているという事態と整合的な事態を含めるだけ含めた最大限の事態は、もうひとつ別の非現実の可能世界となる。U助がおばあさんと話をしないという事態と整合的な事態を含めるだけ含めた最大限の事態は、さらにまた別の非現実の可能世界だ。このように考えれば、非現実の可能世界は無数にあるということが確認できる。問題は解かれた。

だがしかし別の問題が起きる。それは、概念分析における循環的定義の問題である。非現実の可能世界を定義するのに、事態の整合性という概念を決定的に重要なかたちで使った。ではその整合性とは何か。たとえば、U助が立っているという事態とU助が寝転んでいるという事態が整合的でないとはどういうことなのか。立っていれば寝転がっていられないし、寝転がっていれば立っていられない。結局、立つということと寝転がるということを同時にするのは不可能だ、ということに帰着する。ふたつの事態が整合的だというのは、そのふたつの事態が一緒に起こるのが可能だということとなのである。これはまずい。なぜまずいかをきちんと見るために、可能性に関すること主義の立場をまとめてみよう。

あるひとつの事態が可能だということは、ある可能世界でその事態が起きるということである。ある可能世界でその事態が起きるということは、その事態が現実世界で起きるか非現実の可能世界で起きるかどちらかだ。現実世界とは、絶対的な意味で起きている事態をすべて含む大きな事態である。非現実の可能世界とは、互いに整合的な諸事態を最大限に含む事態であり、事態が互いに整合的だということは、それらの事態が一緒に起こることが可能だということである。

こと主義によるこの分析は、事態の可能性という概念で始まって、事態の可能性という概念で終わっている。可能性という概念の分析の中に、その同じ可能性という概念が顔を出している。これは悪い意味での循環的定義である。これが、まずいのである。

命題主義はどうだろう。命題主義によると、現実世界は、実際に真である文のすべてを「そして」でつなげた長い文が言う命題である。ならば、非現実の可能世界は、実際には真でないが真であったかもしれなかった文をすべて「そして」でつなげた長い文が言う命題であるのだろうか。そうではないということは、こと主義の考察からあきらかだ。事態が起きることの代わりに命題の真理を語れば、あとはまったく同じ論理で困ったことが帰結することになる。その細かい議論は省略してハイライトだけを言えばこうなる。

あるひとつの命題の真理が可能だということは、ある可能世界でその命題が真だということである。ある可能世界でその命題が真だということは、その命題が現実世界で真であるか非現実の可能世界で真であるかどちらかだ。現実世界とは、絶対的な意味で真である命題をすべて含意する大きな命題である。非現実の可能世界とは、互いに整合的な諸命題を言う文を「そして」で最大限につなげた長い文が言う命題であり、諸命題が互いに整合的だということは、それらの命題が一緒に真であることが可能だということである。

命題主義によるこの分析は、命題真理の可能性という概念で始まって、命題真理の可能性という概念で終わっている。可能性という概念の分析の中に、その同じ可能性という概念が顔を出している。これは悪い意味での循環的定義であって、こと主義の場合とまったく同様、困ったことである。

可能世界とは何かについての三つの主義の意見を見たが、循環的でないのはもの主義だけである。ということで、この先はこと主義と命題主義は忘れて、もの主義的に考えることにしよう。もちろん、だからといって事態の起こりの可能性や命題の真理の可能性について語れないということではない。「これこれの事態が起こっている可能世界」とか「これこれの命題が真である可能世界」といった言い回しが使えなくなるわけではない。そういう可能世界は物であるというだけのことだ。

6の6. 可能でもあり、可能でもなし

これこれが可能だということは、これこれが実現している可能世界があるということだ。それはそれでいいのだが、よく考えてみると言い足りないところがあるのに気がつく。それが何か、例をとって考えてみよう。

私があなたに犬の世話を頼んだとしよう。それにあたって次のような指示をしたとする。「あした朝六時に起床。『七転び公園』で散歩したあと、『お犬様』印のドッグ・フードを皿半分やる。そして十時には庭でおやつ。午後十二時十五分に『忍びの森』でボール遊びを三十分してから、『犬タッキー』印の鳥のから揚げの昼食。そのあと、昼寝を一時間。そして三時に庭でお茶。五時の夕食の内容はまかせる。そのあと『八起き神社』でゆっくり散歩。九時にお風呂で、九時半には就寝。夜食は絶対禁止。それと、水の容器は空にしないこと。」目下あなたは、あさってある様相形而上学の試験の準備で忙しいので、「それはできません」ときっぱり言う。そういう犬の世話はできないと言っているわけだ。これは可能性を否定する言葉である。あなたにそういう犬の世話ができるということは、あなたがそういう犬の世話をするような可能世界があるということなので、あなたにそういう犬の世

話ができないということは、あなたがそういう犬の世話をするような可能世界はない、つまり、いかなる可能世界においてもあなたはそういう犬の世話をしていないということだ。だが、これはおかしいではないか。私の頼みは確かに理不尽ではあるが、無数にある可能世界のなかでその頼みが聞き入れられている可能世界がひとつもないわけではない。様相形而上学の試験の準備を犠牲にして犬の奴隷になるのは正当化するのが難しい自虐的な行為だが、完全に不可能な行為ではない。あなたが私の依頼どおりに犬の面倒をみている可能世界はある。

たとえば、「もしあなたが私の依頼どおりに犬の面倒をみていたとしたら、様相形而上学の試験では良い成績を取れなかっただろう」という反事実的条件文をとろう。(現実には、あなたは犬の面倒をみなかったとする。)この文が真であると仮定しても何ら問題はないので、そういうことにしよう。すでにみた反事実的条件文の真理条件をこの例に当てはめれば、あなたが私の依頼どおり犬の面倒をみるような世界のうちでもっとも現実世界に近い世界が少なくともひとつあり、そのような世界すべてにおいてあなたは様相形而上学の試験で良い成績を取りそこねる、ということになる。すなわち、あなたが私の依頼どおり犬の面倒をみるような非現実の可能世界があるのである。

それでは、「それはできません」というあなたの言葉は偽だということになるではないか。だが、この私との会話の文脈ではあなたの言っていることは真に聞こえる。これは錯覚なのか。いや、そうではない。可能性という概念はじつは、これまでの分析よりもう少し繊細な分析を必要とするのであり、その繊細な分析によると、あなたが私の依頼どおり犬の面倒をみるような非現実の可能世界があるにもかかわらず、「それはできません」というあなたの言葉は真なのである。

その繊細な分析とは何かを見るために、あなたの言っていることをもう少し詳しく考えよう。私の依頼どおり犬の世話をすることはできないというあなたは、あさっての様相形而上学の試験を理由にあげている。試験の準備があるから犬の世話はできないというわけだ。犬の世話をすれば勉強する時間がなくなる。勉強する時間がなくなれば試験の準備が滞る。試験の準備が滞れば試験で良い成績を取りそこねる。つまり、試験で良い成績を取るということを前提にすれば、あなたの日程、勉強習慣、様相形而上学の知識などを加味して、犬の世話をすることはできないのである。ということは、「それはできません」と言う時あなたが言っているのは、自分が依頼どおりの犬の世話をするような可能世界はないということではなく、自分の日程、勉強習慣、様相形而上学の知識などといった背景が現実世界と同様でありかつ試験で良い成績を取るような可能世界のなかで、自分が依頼どおり犬の世話をするような可能世界はないということである。すべての可能世界が話題にのぼっているのではなく、現実世界と同じ背景においてあなたが試験で良い成績を取るような可能世界だけが話題にのぼっているのである。現実世界と同じ背景であなたが試験に落ちるような可能世界は問題外なのだ。そのような可能世界のなかであなたが依頼どおり犬の世話をするような可能世界があっても、「それはできません」というあなたの言葉は嘘にはならない。

これは、この例だけでなく、可能性や不可能性の主張一般にあてはまる重要なポイントである。「これこれは可能だ」とか「これこれは不可能だ」と言うとき私たちは普通、ある特定の前提と背景になる状況を頭においている。そしてその前提と背景は、考慮されるべき可能世界を拘束する言わばフィルターの役割をはたす。すなわち、その前提と背景が現実世界と同じである可能世界は選ばれるが、そうでない可能世界はふるい落とされるのだ。選ばれた可能世界の中に「これこれ」が起こっている可能世界があれば「これこれは可能だ」は真であり、なければ「これこれは不可能だ」が真である。もうひとつふたつ例を見てみることにしよう。

E子の家の庭にある岩は二トンの重量である。それは重すぎて持ち上げられない。ここで今私が「持ち上げられない」と言ったとき、読者は「そんなことはない。マンモス重機工業株式会社のW型クレーンを使えば簡単に持ち上げられる」と心の中で思っただろうか。多分そうは思うまい。そう思うのは、マンモス重機工業株式会社の社員くらいだろう。そこの社員ではない読者のあなたが私の言葉に「そうです、おっしゃる通りです」と同意したとき、あなたはすべての可能世界を念頭においていたわけではない。クレーンなどの機械やその他の道具の助けを借りずに人間の力だけで持ち上げることはできない、と思っていたのだ。もちろん、それは私が言った「持ち上げられない」という言葉のまったく正しい解釈である。それは、実際の物理の法則を背景に、機械や道具なしで人間の力だけでその岩を持ち上げることは不可能だ、と私は言ったという解釈である。この解釈によると、物理法則が現実世界と同じであるような可能世界のなかで、機械や道具なしで人間の力だけでその岩を持ち上げたような可能世界がひとつもなければ、私の言ったことは真なのだ。たとえ、機械や道具の助けを借りてその岩を持ち上げたような可能世界があるとしても、また現実世界とちがう物理法則のもとで機械や道具なしに人間の力だけで持ち上げた可能世界があるとしてもである。

A子は化学実験室でビーカーを手に持っている。ビーカーと硬い床の間には（微粒子、空気、空間以外）何もない。ビーカーには、糸とかコードとかいった余計なものは一切ついていない。ビーカーは普通のガラス製で、特に強化の処置はされていない。手品師はひとりも係わっていない。こういうごくありふれた状況の中で、A子がビーカーを手放す。それが床に到達する時点で彼女は、「今このビーカーが割れないはずがない」と思う。A子が思うのは、このビーカーが割れるのは必然的だということだ。必然的とは、すべての可能世界で起きるということだ。よってA子は、このビーカーが割れるのはすべての可能世界で起きると思う。だがこのビーカーは、そもそもすべての可能世界に存在するわけではない。もし現実世界でそのビーカーを製造した会社が倒産してビーカー製造を止めていたとしたら、そのビーカーは存在しなかっただろう。存在しないビーカーは割れようがない。ということは、すべての可能世界でこのビーカーが割れると思うときA子は、このビーカーが存在しない可能世界は最初から無視しているわけだ。そしてまた、このビーカーが存在する可能世界のなかでも、実験室内の状況がありふれた状況でないような可能世界も無視している。つまり、ビーカーのガラスが強化ガラスだったり、手品師がビーカーを何らかのトリックで保護しているような可能世界は無視している。さらに、物理法則が現実世界とちがって、たとえば 6×10^{24} キログラムの質量の惑星の表面近くで、一メートル三十センチの高さから自由落下する普通のガラス製のビーカーが、硬い床に衝突しても無傷ではね返るような可能世界も無視している。そういった諸々の可能世界を無視したうえで、このビーカーが割れるということがすべての可能世界で起きると思っているのである。ここで「すべて」という言葉は、いかなる制限もなしにあらゆる可能世界を含んでという意味ではなく、今見たようなありふれた背景と仮定が真であるような可能世界のすべてという意味である。

分析哲学の教室の外で私たちが普通に使う「……は可能だ」、「……は不可能だ」、「……は必然的だ」などの言い回し、またはそれらに同義の表現は、このように何らかの制限に拘束された可能世界のみのことを言っている。そういう意味で、私たちが普通語る可能性はいわば制限された可能性なのである。

では分析哲学の教室の中ではどうか。何の制限もない、全く拘束されていない可能世界すべてを問題にする無制限の可能性を論じることがあるのだろうか。現実世界の物理法則のみに拘束された可能世界は、物理的に可能な世界である。現実世界は現実世界の物理法則が真である世界なので物理的に可能な世界であるが、現実世界とはかなり異なった世界でも物理的に可能な世界はある。たとえば、物理的に可能な世界のなかで、人間はおろか如何なる霊長類も地球上に存在しないような宇宙からなる可能世界がある。太陽系の進化において、ある時点である種の物理的事実が実際と少しちがっていたら（たとえば地球の軌道が太陽にもう少し近かったとしたら）、地球上に霊長類は生まれなかったかもしれない。そして、そういう事実のちがいは現実世界の物理法則に必ずしも反しない。よって、物理的に可能な世界で霊長類が存在しないような世界がある。すなわち、霊長類が存在しない――よって人間も存在しない――ということは物理的に可能なのである。（ここでは、今のところの自然科学の知識を仮定して話している。もし現在の自然科学が大幅に誤っていれば、ここでの話も修正しなければならないかもしれない。）これは、日常私たちが語る可能性よりかなり広い意味での可能性である。現実世界で真である物理法則だけで拘束されている可能世界の多くは、物理学の教室の中でこそ語られるかもしれないが、日常生活のうえではまず話題にのぼらない。分析哲学の教室の中では、これよりさらに広い意味での可能性についても語られるのだろうか。

語られる。物理的に可能な世界は現実世界の物理法則だけで拘束されていると言ったが、厳密にはそれは正しくない。ふつう、物理的に可能な世界とは現実世界の物理法則が真であるような世界と定義される。では、現実世界の物理法則が真であるような世界を考えよう。そしてその世界に関して、さらに次のようなことを規定しよう。その世界では現実世界の物理法則が偽である。すなわち、その世界では現実世界の物理法則が真でありかつ偽である。そのような世界は物理的に可能な世界だとはいえない。つまり、現実世界の物理法則が真であるという物理的可能世界のふつうの定義は、厳密に言えばまちがった定義だということだ。それがまちがっているなら、正しい定義は何だろう。このまちがった定義は、まちがってはいるが全くお門違いというわけではない。それどころか、ほとんど正しい。ひとつ足りないものがあるだけだ。それは、現実の物理法則だけでなく、現実の論理法則も真でなければならないという条件である。ある命題が真でありかつ偽であるということは、すべての命題は真か偽かどちらかであって両方ではないという論理法則に反するので、現実の物理法則が真でありかつ偽であるような世界は物理的に可能な世界ではなくなるのである。

この考察によって物理的可能性という概念が明確になると同時に、物理的可能性よりさらに広い可能性に私たちの目が向く。その広い可能性とは、ほかならぬ論理的可能性である。現実の論理法則のみが拘束する可能世界は論理的に可能な世界であり、「これこれは論理的に可能だ」は、少なくともひとつの論理的に可能な世界で「これこれ」が真であるということと定義される。論理法則には、すべての命題は真か偽かどちらかであって両方ではないという法則のほかにも色々ある。たとえば、「もしPならば、Pである」は常に真だという法則、「PであるがPでない」は常に偽だという法則、「もしすべてのFがGならば、FであってGでないものはない」は常に真だという法則、「XはFでYはFではないが、XとYは同一である」は常に偽だという法則、などがその例である。

6の7．双子地球

論理的可能性がいかにして分析哲学的議論に係わってくるかの例として、有名な思考実験の枠組みを見ることにする。双子地球と呼ばれるこの思考実験の枠組みはふつう、物理的に可能ではないが論理的に可能な世界を使っている。人間の知覚のレベルでは現実世界の地球と区別できないような惑星があるとしよう。質量、自転周期、公転周期、大陸や島の形とその相互関係、山の標高や海の深度などすべて現実世界の地球と同じ。国の区別も、各国の人口も、住んでいる人々のなりも、すべて同じ。「日本」と呼ばれる国は「アジア大陸」と呼ばれる大陸の東に位置し、その国民は現実世界の日本の国民と区別できない。現実世界の日本の国民ひとりひとりに対応する人物がそこにはいる。たとえば、現実世界のあなたと区別のつかない人間がいて、あなたと区別のつかない行動をして、あなたと区別のつかない人生を送っている。もちろん、その人生には、現実世界のあなたの家族、友達、知人と区別のつかない家族、友達、知人が現実世界と区別のつかないやり方で係わっている。これが双子地球の基礎的な枠組みである。この枠組みのなかで話がどう具体化されるかは、個々の思考実験の目的に応じて調整される。そういう具体化された思考実験のなかで、もっとも有名なのは水に関する話だ。双子地球の海を形成する液体は、双子地球の双子日本語で「水」と呼ばれている。その液体は、現実世界の地球上の海を形成する、現実の日本語で「水」と呼ばれる液体と人間の知覚のレベルでは区別できない。そして雨や雪やヒョウとなって降り、海や川や湖や池を満たす。水道の蛇口から出てくるのもこの液体だ。双子地球での双子あなたとこの液体の関係は、現実世界でのあなたと水の関係と区別できない。

双子地球のこの液体は、人間の知覚のレベルでは現実の地球の水と区別できないが、分子のレベルでは大きな違いがある。その分子構造はH_2Oではなく、かなり複雑な化学構造である。その化学構造を略して「XYZ」と表記しよう。（現実の地球にはH_2Oだけでなく、「重水」、「三重水素水」と呼ばれるD_2OとT_2Oもあることを第1章で見たが、ここでは重水や三重水素水は無視する。）H_2

Oと化学的に異なるXYZが、人間の知覚レベルで区別できない形で現実世界でのH_2Oと同じ役割を双子地球で果たすということは、双子地球のある世界は現実の化学法則とはちがう化学法則に支配されているということである。（私たちの身体は主に水から成っている、ということを忘れてはならない。）物理法則を変えずに化学法則は変えられないので、その世界は物理的に可能な世界ではないということである。物理的に可能ではないが論理的に可能である。現実の論理法則はなにも破っていないからだ。よって双子地球を擁する世界は、物理的不可能世界だが論理的可能世界であるというわけだ。分析哲学では、そのような世界が思考実験で出てくることがよくある。概念分析は特定の経験科学の特定の結果からは独立だからである。もちろん論理的整合性からは独立ではない。

現実世界の地球であなたが「水」と言うとき、あなたが指すのはH_2Oである。双子地球で双子あなたが「水」と言うとき、双子あなたが指すのはXYZである。今実際にあなたが読んでいる本の中でその著者、すなわち私が実際に「水」と言うとき、私が指すのはH_2Oである。ということは、この本の中で「水」という単語が括弧なしで出てきたら、それはH_2Oを指すということだ。このことを、しっかり覚えていておいてほしい。（括弧つきで出てきたら、それはH_2Oという物質ではなくて「水」という日本語または双子日本語の単語を指す。ちょうど今したように。）双子あなたの「水」という言葉は水を指さない。それはXYZを指し、XYZは水ではないからである。XYZを指すのに、この本で私は「双子水」という言葉を使うこともある。（双子私の使う「双子水」という言葉は、XYZではなくH_2Oを指す。）

さてここで、あなたは水がH_2Oだということを知らないとしよう。化学にまったく興味がないあなたは、水の化学的分析については無知だとする。同様に双子あなたも無知である。双子あなたは、双子水がＸＹＺだということを知らない。H_2Oである液体に関するあなたの知識と、ＸＹＺである液体に関する双子あなたの知識には何のちがいもない。こういう背景のなかで、何かの奇跡によってＸＹＺが現実世界のあなたの目の前のグラスに注がれたとしよう。それは人間の知覚ではH_2Oと区別できないので、あなたは「グラスには水が入っています」と言う。あなたの言っている命題の真理条件はグラスにH_2Oが入っているということなので、その命題は偽である。だが、あなたはその事実に全然気がつかない。双子あなたも同様である。似たような奇跡によってH_2Oが双子あなたの目の前のグラスに注がれたとしよう。それは双子人間の知覚ではＸＹＺと区別できないので、双子あなたは「グラスには水が入っています」と言う。双子あなたの言っている命題の真理条件はグラスにＸＹＺが入っているということなので、その命題は偽である。だが、双子あなたはその事実に全く気がつかない。あなたは、自分を双子あなたと区別できない。双子あなたも、自分をあなたと区別できない。しかし、あなたが言っていることは、双子あなたが言っていることとは違うのである。真理条件がちがう命題は異なった命題だからだ。ということは、あなたも双子あなたも、自分自身の言っていることが何なのか知らないということになる。「何を言っているんですか？」と聞かれれば、もちろん「グラスには水が入っていると言っているんですよ」と答えるだろうが、さらに「水って何ですか」と問い詰められたら、「無色無臭の液体で、海、川、湖などを満たし、雨となって降ってくるものです」などといった答えしかできないだろう。(あなたは水の化学分析については無知である。)だが、このような答えは水と双子水の両方に同じように当てはまる。「グラスには水が入っています」とあなたが言うのは、自分が思っていることを日本語のその言葉が正確に言い表すとあなたは思うからである。そうでなかったら嘘をついていることになるが、あなたは、もちろん嘘つきではない。だが、あなたは自分の言っていることを、双子あなたの言っていることから区別することができない。ということは、「グラスには水が入っています」という日本語の言葉が自分の思っていることを正確に言い表す、と思うあなたは間違っているということになるのではないか。そうだとしたら、これは困ったことではないか。自分の思っていることを、自分の母国語で正確に言い表せない大人は困ったものだとしか言いようがない。特に複雑な話題に関する込み入った意見ではなく、グラスに何が入っているかなどという簡単な事柄についての率直な意見を正確に言い表せないのは本当に困ったものだ。そして、あなたと「水」は単にひとつの例にすぎないのであり、双子地球を使ったこの議論は多くの人々と多くの言葉に同じように当てはまる、ということを忘れてはならない。これは、地球上の人々がみんな頭を抱えても足りないくらい困ったものではないか。

この議論の結論を避ける手立てが何かあるだろうか。ひとつのアイデアとして、「あなたには、自分の言っていることと双子あなたの言っていることの区別がつかない」という仮定を否定する、というのがある。つまり、あなたにはその区別がつくというわけだ。だが、あなたは一体どうやってその区別をつけるというのだろう。H_2OとXYZのことを聞いたこともないあなたには、「無色無臭の液体で、海、川、湖などを満たし、雨となって降ってくるもの」といったレベルの記述しかできないが、そんな記述はH_2OとXYZ両方に当てはまる。しかし、よく考えてみると、記述に頼らない方法がひとつだけあることに気づく。現実世界であなたが実際に使っている日本語の「水」という言葉である。あなたが「水」と言えば、それは水を指す。双子水ではない。H_2Oを指す。XYZではない。それが現実世界で実際に使われている日本語だからである。双子地球で使われている双子日本語とはちがう。たとえあなたがそのことを知らないとしてもである。よって、自分の言っていることと双子あなたの言っていることの違いは何かと聞かれたら、「私はグラスに水が入っていると言っているが、双子私はそうは言っていない」と答えればいい。あなたのその言葉は、あなたはグラスに双子水が入っていると言っている、という命題ではなく、あなたはグラスに水が入っていると言っている、という命題を言い表す。「水って何ですか?」と聞かれたら、「水です」と答えればいい。水は水であって、双子水ではないからだ。「でも、あなたは水と双子水の区別がつかないではないですか」と迫られたら、次のように返答すればいい。「その通り。私には区別がつきません。でも、区別がつく人達がちゃんといます。その人達の専門知識が、私たち素人が使う日本語の『水』という言葉を支えているのです。」第4章でみた「楡」と「ブナ」についての考察も、同様の現象の一例である。言語は公共のものであって、個人個人の言語能力は社会的な言語的分業によって裏づけられている、というこのアイデアは、ただ単に言語能力の習得が他人との言語的な交わりに依存するという主張を超えるものである。言語で正確に言い表される命題としての心の思いの内容さえも、言語的分業に支えられた、いわば公共物であると言える。ある意味で、個人の思いの内容は、その個人自身よりも社会全体のほうが正確に知っているというわけである。

6の8. 分析哲学史的な補足

可能世界の話は、ニュートンとほぼ同じ頃に彼とは独立に解析学を作り上げたライプニッツ（一六四六―一七一六）にまでさかのぼるが、緻密な論議で体系的に可能世界に関する哲学的な探究をするのは分析哲学者のほかにはいない。可能世界理論の発展は二十世紀の記号論理学の発展と重なるが、その哲学的な基礎づけにもっとも大きな役割を果たしたのは前にも出てきたソール・クリプキーである。一九五〇年代から一九六〇年代に出版された諸論文で、のちに「クリプキーモデル」と呼ばれるようになる様相論理学の意味論を確立した。

反事実的条件文の真理条件の定式化は、アメリカのマサチューセッツ工科大学のロバート・ストールナカー（一九四〇―）とプリンストン大学のデイヴィッド・ルイスによるが、概念分析の理論としては有名なラッセルの「the」の分析に引けを取らないほど洗練されたものだと言えよう。ルイスの一九七三年の著書『反事実的条件法』がその集大成である。

本書におけるもの主義の記述は、分析哲学界で「様相実在論」と呼ばれている理論のふたつのバージョンを、足して二で割ったもののあらましである。そのふたつとは、デイヴィッド・ルイスのバージョンと、カリフォルニア州立大学ノースリッジ校の八木沢敬（一九五三—）のバージョンである。ルイスのバージョンによると、可能世界は時空間で結ばれた物すべてを包括するとてつもなく大きな物体であり、私たちは現実世界以外の世界には存在しないが、無限に多くの非現実可能世界に自分そっくりの対応者がいる。八木沢のバージョンでは、私たちは現実世界以外の世界にもちゃんと存在するが、可能世界は物体ではなく時点（時間軸上の点）に似た様相点（様相空間内の点）である。ルイスの理論は一九八六年の名作『複数の世界について』で、八木沢の理論は二〇一〇年の著書『世界と個体、可能と不可能』でそれぞれ展開されている。こと主義の旗頭はアメリカのノートルダム大学のアルヴィン・プランティンガ（一九三二—）で、一九七四年に出版されたその著書『必然性の天性』は様相形而上学の古典といえる。命題主義は、可能世界に関してはおそらく分析哲学者のあいだで最も支持者が多いといえる理論で、カリフォルニア大学ロサンゼルス校のロバート・アダムス（一九三七—）の一九七四年の論文「現実性の諸理論」がその草分け的な代表作である。

「現実世界」と「ここ」の共通点を唱えるのはこれまたルイスで、その一九七〇年の論文「アンセルムと現実性」で現実性の指標理論とよばれる立場をはじめて提案した。この論文はまた、神の存在を証明せんとするアンセルムス（一〇三三—一一〇九）による「存在論的議論」として知られる有名な議論を論破する試みとしても有名である。

第7章　「同じもの」とはどういうことか

7の1．大阪弁は盛岡弁ではない

分析哲学でよく論じられる概念に、同一性の概念がある。「同じ」という形容詞で言い表されることの概念は、一見明白なようで実はかなりやっかいな代物である。日常会話では、「XとYは同一である」または「XとYは同じである」と言う代わりに、ただ単に「XはYである」と言うことが多い。これがしばしば混乱を招く原因になるのだ。たとえば、次の議論を見よう。

1　大阪弁は日本語である。
2　盛岡弁は日本語である。
ゆえに、3　大阪弁は盛岡弁である。

「何ゆうてんねん。むちゃくちゃやないかい。あほか。」「なぬへうの。さんざくだぁ。ばがったぐれ。」こういう反応は実にもっともだ。この議論の結論3が偽であることは誰の目にも（耳にも）明らかである。しかし、一体この議論のどこがいけないのだろう。仮定1も仮定2も共に真だ、ということは否めない。そして、議論全体の形は明らかに次の形である。

1　XはZである。
2　YはZである。
ゆえに、3　XはYである。

Zという一つのものと同じもの（XとY）はそれら自体お互いと同じものである、というのがこの議論の理屈だとすれば、その形は次のように明確化される。

1　X＝Z。
2　Y＝Z。
ゆえに、3　X＝Y。

同一性を表現する「イコール」の記号の「＝」を擁するこの議論の形は、X、Y、Zが何かにかかわらず一般に、仮定の真理が結論の真理を保証する。つまり、もし仮定が両方とも真ならば、結論も真でなければならない。たとえば次の議論は、この形をしておりかつ仮定が両方とも真なので、結論も真であることが保証される。

1　徳川光貞の四男は徳川吉宗である。
2　真宮理子の夫は徳川吉宗である。
3　徳川光貞の四男は真宮理子の夫である。

ゆえに、

この議論では、「……は……である」という言い回しは明らかに「＝」を意味している。ということは、大阪弁―盛岡弁の議論の結論を拒否するためには、「＝」を擁するこの議論の形が、大阪弁―盛岡弁の議論に当てはまることを否定する必要があるということだ。「……は……である」を「＝」と解釈するのを拒む必要がある。幸いにも、そうすることは簡単だ。「大阪弁は日本語である」という第一の仮定は、大阪弁＝日本語、すなわち大阪弁と日本語は同一であるという解釈のもとでは明らかに偽である。そうではなくて、大阪弁は日本語に属する、あるいは、日本語のひとつのバージョンであると言っていると解釈すれば、明らかに真である。そしてそう解釈すると、「……は……である」は、「＝」ではないのだ。「盛岡弁は日本語である」という第二の仮定にも、まったく同じことが言える。すなわち、大阪弁‐盛岡弁の議論がその結論を真として確立するためにはふたつの条件が満たされる必要があるが、その第一条件と第二条件は同時には満たされ得ないということだ。ふたつの条件とは次の通りである。

1　ふたつの仮定は、両方ともに真である。
2　「……は……である」は、「＝」である。

1が満たされれば、2は満たされない。2が満たされれば、1は満たされない。ここで学ぶべき教訓は、「……は……である」という表現は「＝」という意味の時もあり「＝」という意味ではない時もある、ということである。この事をしっかりわきまえておかないと、大阪弁は盛岡弁であるというような、「むちゃくちゃ」すなわち「さんざく」な結論が出てしまうわけだ。「＝」が表現する同一性がこの章のテーマである。

7の2．「同じもの」とは「ひとつのもの」

何かのものXと何かのものYが同一だということは、もちろん、ただ単にXとYは似ているということではない。P子は双子の妹のQ子によく似ているが、Q子と同一ではない。同一だったらP子とQ子は二人ではなく一人であることになるが、P子とQ子は双子つまり二人である。背格好、髪型、顔貌、声、癖、ファッションセンス、食べ物の好み、など共通点はかなり多いが、同一ではない。

「P子とQ子は、食べ物の好みが同じだ」と言うとき私たちは、P子とQ子は食べ物の好みという点に関しては同一人物だと言っているのではない。同一性は、何々に関してというような相対的な関係ではないのだ。XとYはFに関して同一だがGに関しては同一ではない、というのは意味をなさない。XとYが同一なら、XとYは絶対的に同一であり、XとYが同一でないなら、XとYは絶対的に同一でないのである。

だが、ここで「P子とQ子は食べ物の好みが同じだ」と言うとき、（絶対的に）同一だと言われている何かがありはしないだろうか。それはある。P子の食べ物の好みと、Q子の食べ物の好みである。P子の食べ物の好みをXとし、Q子の食べ物の好みをYとすれば、XとYは同一だと言っているのである。この場合、XすなわちYは、人や物ではない。だが、食べ物の好みという何かはあるのであり、誰それの食べ物の好みと誰それの食べ物の好みは同一だとか同一でないとか言うことはできる。男性の好みは別の種類の好みだが同様に、誰それの男性の好みと誰それの男性の好みは同一だとか同一でないとか言える。ファッションセンスは、着るものの好みとして考えられるかもしれない。背格好、髪型、顔貌、声、癖などは好みではないが、ある種のパターンとして考えることができるだろう。体つきのパターン、髪格好のパターン、顔の輪郭と部位の相対的位置、形、大きさ、色などのパターン、声帯から発する音声のパターン、言動・動作のパターンなどのように。このパターンとあのパターンが同一だとか同一でないとか言うことができる。

これらの限られた例がすでに示すように、同一性の概念は人や物だけでなく、非常に多くの種類のものに当てはまる。いやそれのみならず、少し考えてみれば、まったく例外なくありとあらゆる種類のものに当てはまるのだということが分かる。そもそも可能な限りもっとも広い意味での「もの」という概念は、数の概念と密接な関係がある。Xに「もの」という概念が当てはまる、つまりXは何らかの意味で「もの」であるとしよう。同様に、Yも何らかの意味で「もの」であるとしよう。ならば、「XとYは一つのものか、それとも二つのものか」という問いは意味をなす。XとYを含み、それ以外何も含まないものの集まりに含まれるものの数は一か二か、という問いである。もし答えが「一」ならばXとYは同一であり、「二」ならばXとYは同一ではない。そしてその逆もまた真なり。もしXとYが同一ならば答えは「一」であり、同一でなければ答えは「二」である。つまり、同一性の問題と数の問題は、同じ硬貨の表と裏のように切っても切り離せない関係にあるのだ。

P子とQ子は、普通以上に多数の属性を共有しているにもかかわらず同一人物ではない。いくら多くの属性を共有しても、それだけでは同一性を保証することはできないのだろうか。P子とQ子は、男性の好みが微妙にちがう。P子はすらっと背が高く頭のいい美男子の長男が好みだが、Q子はすらっと背が高く頭のいい美男子の次男が好みだ。もし二人とも長男が好みだったら、あるいは二人とも次男が好みだったら、二人は同一なのだろうか。もちろん、そうではない。たとえ外見、癖、好み、言動、経験などの属性を全部共有したとしても、P子とQ子は同一ではなく依然として二人の人物である。しかし、それを共有したら同一性が保証されるような属性は一つもないのだろうか。実は、あるのだ。ふたつある。

ひとつは、時空における位置。もしP子とQ子がいつも同じ時に同じ空間を占めていたとしたら、P子とQ子は二人ではなく一人だということになる。一人の人物が「P子」と「Q子」という二つの名前を持っている、ということだけの話だ。同じ空間を占めるというのは、同じ場所にいるというだけではない。P子がカフェの窓際の席にいてQ子が壁際の席にいれば、二人は同じ場所、すなわち同じカフェにいる。だが同じ空間を占めているわけではない。二人の人間が同時に同じ空間を占めることはほぼ不可能に近い。もし仮に二人の人間が同時に同じ空間を占めることが瞬間的に可能だとしても、誕生から死まで常に同じ空間を占めているのは不可能である。（ここでは、霊長類の動物としての人間のことを言っているのである。純粋に心理的な存在としての「人格」について言えば、二つの異なった人格が誕生から死まで常に同じ（脳が占めている）空間を占めることは可能かもしれない。もしそうだとしたら、人格は人間とはかなりちがう種類の存在者であるということだ。）

その共有が同一性を保証するもう一つの属性は、同一性をすでに含んでいる属性である。たとえば「P子と同一」という属性。「＝P子」とも表現できるこの属性は、その所有がP子との同一性を保証する。P子がこの属性を持っている、ということは明らかだ。任意のXについて、もしXがこの属性を持っているとすれば、「X＝P子」が真であるので、XはP子と同一である。もちろん、Q子から始めることもできる。「Q子と同一」という属性、すなわち「＝Q子」とも表現できる属性は、その所有がQ子との同一性を保証する。

7の3．U助はミスターJでなければならない

もし実際にXとYが同一ならば、XとYは必然的に同一である、すなわち、XとYが同一でないことはあり得ない。可能世界の枠組みの言葉を使って言えば、もし現実世界でXとYが同一ならば、XとYが同一でない論理的可能世界はないということだ。つまり、いかなる論理的可能世界においても、Xが存在すればYも存在してXとYは同一であり、Yが存在すればXも存在してXとYは同一である、ということだ。これは、同一性の概念そのものからすぐに明らかである。徳川光貞の四男と真宮理子の夫は同一人物、すなわち徳川吉宗である。その徳川吉宗が徳川吉宗と同一人物でないような世界は、論理的に可能ではない。ある人物が自分自身と同一でないような世界は、「すべてのXについて、X＝Xである」という論理法則に反する世界だからだ。同一性の必然性は論理的必然性である、ということには疑いの余地がない。

にもかかわらず、それを疑う人がいる。そういう人は、次のような議論をするのである。分析哲学のセミナーで、命題についてのラッセルの理論とフレーゲの理論が対比的に論議されているとしよう。そしてそこではフレーゲに支持者が集まり、U助以外ラッセル支持者がいないとする。U助はP

子のボーイフレンドであり、P子は彼のことを「ミスターJ」と呼んでいる。(なぜそう呼ぶかは詮索しない。)彼女の友人の中にも、それを真似て彼のことを「ミスターJ」と呼ぶ者が何人かいるが、その全員がミスターJがP子のボーイフレンドであることを知っているわけではない。私たちとしては、U助のことを時には「U助」時には「ミスターJ」と呼ぶことにする。さて、次の文について分析哲学的に考えてみよう。

文その1　セミナーのラッセル支持者　＝　P子のボーイフレンド。

文その1は同一性を肯定する命題を言い表しており、実際に真である。と同時に、セミナーでラッセルを支持する者はU助ではなかったかも知れないし、あるいは、P子は分析哲学とは全く縁のないボーイフレンドを持っていたかも知れない。いずれにしても、セミナーのラッセル支持者がP子のボーイフレンドでなければならない、という必然性はない。セミナーのラッセル支持者がP子のボーイフレンドでないような論理的可能世界、いや物理的可能世界さえ数限りなくある。ゆえに、同一性を肯定する実際に真の命題は、偽であることが可能である。

この議論は、かなり説得力がある。文その1が実際に真であり、かつ偽であることが可能だということは否定できない。だがこの議論には致命的な欠陥がひとつある。それは、文その1は同一性を肯定する命題を言い表している文ではない、ということだ。同一性を言い表すイコール「＝」という記号が表に出ているからといって、その文が同一性を肯定する命題を言い表しているとは限らない。表向きの文構造と、本当の構成概念の相互関係を明らかにする論理構造とをしっかり区別することが重要である。では、文その1の、表向きの構造とはちがう論理構造とはいったい何か。それを決めるために、まず認識論的なポイントを見よう。セミナーで誰がラッセルを支持しているか知らない人でも、文その1を完全に理解することはできる。ということは、文1はセミナーでのラッセルの支持者である特定の人についての命題を言い表しているのではない、ということだ。また、P子のボーイフレンドが誰か知らない人でも、文その1を完全に理解することはできる。ということは、文1はP子のボーイフレンドである特定の人についての命題を言い表しているのではない、ということだ。セミナーでのラッセルの支持者はU助であり、P子のボーイフレンドはミスターJである。つまり、文その1が言う命題の真理条件は、U助についてでもなく、ミスターJについてでもない。もちろん、ほかの特定の誰についてでもない。よって「＝」の上下に入れるものがない。誰と誰がイコールだということではないのだ。「セミナーのラッセル支持者」と「P子のボーイフレンド」という概念を使って、特定の人間についてではない真理条件を持つ命題を、文その1は言い表しているのである。文その1の論理構造は、文その2ではっきり表に出されている。

文その2　ひとりの人物がいて、その人物はセミナーでラッセルを支持し、P子のボーイフレンドでもある。

この文は特定の誰かについて何かを言っている文ではなく、これこれの属性を持つ人物がひとりいると言っている文である。文その2が言う命題は、「セミナーでラッセルを支持する」と「P子のボーイフレンドである」というふたつの属性を持つ人物が一人存在する、という真理条件をもつ。そしてこの真理条件は、たまたま、U助、すなわちミスターJの存在によって満たされている。つまり、この真理条件それ自体はどの特定の人物に関しての条件でもないが、実際に特定の人物の存在によって満たされているというわけである。文その2には、イコールの記号「=」が入る余地がない。そういう文その2が本当の論理構造を明確にしているという意味で、文その1は同一性を肯定する命題を言い表してはいないのだ。ゆえに、文その1が実際には真だが偽であった可能性もあるという事実は、同一性の必然性に対する反論には役立たない。

しかし　文その3はどうだろう。

文その3　U助　=　ミスターJ

この文は明らかに特定の人物についての文である。U助、すなわちミスターJについての文である。ということは、イコールの記号「=」はただ表向きにそこにあるだけではなく、論理構造のなかにも本当に入っているということだ。何と何がイコールかというと、U助とミスターJがイコールなのである。それが、文その3の言う命題の真理条件である。その真理条件はもちろん満たされている。よって文その3は真である。ここまではいい。だが、文3が偽であることが可能だと議論することはできるだろうか。どうにかして、文3の言う命題の真理条件が満たされないということは可能だと議論できるのだろうか。その真理条件が満たされないということは、U助とミスターJは同一人物ではないということだ。しかし、U助とミスターJは実際に同一人物である。実際に一人の人物である者が、いかにして一人でないことがありえようか。たとえば、あなたを例にとろう。あなたは一人の人物である。そのあなたが、一人でなく二人の人物だという状況は可能だろうか。月曜日に一人であり火曜日に何らかの空想科学小説めいた手段によって二人になる、という状況は論理的に可能かも知れないが、ここではお門違いである。二人になる可能性ではなく、二人である可能性が問題になっているからである。現実世界で一人である人物が二人であるような非現実世界は、現実世界で1である整数が2であるような世界である。しかし、そのような世界は物理的に不可能であるだけでなく、数学的に不可能である。つまり、文その3が偽であることは数学的に不可能なのだ。そして、ここでいう数学的に不可能なことは論理的にも不可能である。ゆえに、文その3が偽であることは論理的に不可能である。

しかし、次のような反論があるかも知れない。「文その3が偽であるような論理的可能世界を想像するのは簡単だ。U助がP子のボーイフレンドでない世界を想像すればいい。」そのような可能世界は、次の文が真であるような世界である。

文その4　U助は、P子のボーイフレンドではない。

だが、この文の言っていることは文その3の言っていることの否定ではない。文その3は、U助はミスターJと同じ人物だと言っているのに対し、文4は、U助はP子のボーイフレンドという属性を持っていないと言っているのである。P子のボーイフレンドでなかったらミスターJではなかった、というわけではない。「ミスターJ」という名前に「P子のボーイフレンド」という意味があるわけではない。これをきちんと説明するのは少々こみ入った話になるので、腰をすえて詳しく考察することにしよう。そのためには、まず「アプリオリ」という概念が要る。

7の4．アプリオリ

妻という概念は、先天的な概念ではない。後天的な概念だ。ものごとを見たり聞いたり、人と話したりすることによってはじめて得られる概念である。つまり、妻という概念の習得には、広い意味での知覚経験が不可欠だということだ。妻という概念の習得に必要とされる知覚経験がQ子には十分あり、その結果Q子は妻という概念を持っているとしよう。また同じように、必要とされる知覚経験に基づいて、配偶者という概念も持っているとしよう。言うなれば、妻と配偶者という二つの概念に関しては、Q子はごく普通の大人であるというわけだ。とすれば彼女は、「すべての妻は配偶者である」という文を容易に正しく理解することができる。その文を理解したQ子に、それは真か偽かと質問したとする。「すべての妻は配偶者である」という文が真か偽か決めるのに、彼女は何をすべきだろうか？ 世界中の妻に「あなたは配偶者ですか」というアンケートを配って、その回答結果を待つべきだろうか？ もちろん、そんなことをする必要はない。そんなアンケートは場違いである。「すべての妻は配偶者である」という文を正しく理解した段階で既に、Q子はその文が真であるということが分かっているからだ。つまり、いったん文の意味を正しく理解すれば、それ以上の知覚経験の必要なしにその文が真だということを知り得るのである。こういう意味で、「すべての妻は配偶者である」という文が言っている命題はアプリオリに真だと決定できる、と言う。すなわちアプリオリとは、知覚経験を要求しないような方法で命題の真偽を決定することである。

ここで注意すべきは、知覚経験を要求しないのは文が言い表す命題の真偽を決定することであって、その文の意味を正しく理解し、その文がどんな命題を言い表しているかを把握することではないということである。「すべての妻は配偶者である」という文の意味を正しく理解するために知覚経験が必要なのは当たり前だ。知覚経験なしでは、妻や配偶者といった概念の習得が不可能だからである。しかしだからと言って、この文が言う命題の真偽はアプリオリに決められないということにはならない。このポイントを理解しないと大きな誤解をして、アプリオリに真偽が決められる命題などほとんどないとか、私たちの持つ概念はほぼ全部が先天的な概念だとかいうまちがいを起こしてしまう。

さて次に、「すべての妻は働き者である」という文をとってみよう。Q子は働き者という概念も持っているものとする。もしQ子が、この文が真であるかどうかを決めるために世界中の妻に「あなたは働き者ですか」というアンケートを送ったとすると、彼女のしたことは場違いなことになるのだろうか？　いや、そんなことはない。そのようなアンケートはあまり信憑性の高い結果を生むことはないだろうが、場違いではない。文の意味を正しく理解し、その文の言い表す命題を把握した段階でQ子がせねばならないのは、その命題の真偽をさらなる知覚経験によって決定することであり、アンケートはそういう知覚経験を与えてくれるひとつの方法なのであるから。命題の真偽決定の方法で、アプリオリでないものを「アポステリオリ」と呼ぶ。「すべての妻は働き者である」が言い表す命題は、アプリオリに真偽を決めることができず、アポステリオリに決めざるをえないような命題なのである。

さて、ここまでしっかり注意を払って読んできた読者は、次のことに気づいているかも知れない。「すべての妻は配偶者である」という文は、妻と配偶者という概念のほかに「すべて」という概念も含んでいる。論理学で全称と呼ばれるこの概念の習得は、どのような知覚経験を必要とするのだろうか？　また、「ある妻は働き者だ」の「ある」（特称）という概念や「ある妻は働き者ではない」の「ない」（否定）の概念はどうだろう？　こういった問題はアプリオリ－アポステリオリの区別とは独立の問題だが、認識論の核心にせまる重要なトピックを内蔵している。というのも、そう問いかけること自体が既に、あらゆるすべての概念が知覚経験にもとづいて獲得されるということを前提にしているからである。そもそもその前提は正しいのだろうか？　第1章でも触れたこのトピックは十七—十八世紀ヨーロッパで盛んに論議されたもので、その前提を正しいとする立場が（イギリス）経験論、正しくないとする立場が（大陸）合理論として知られているということは前に見た。もし全称や特称や否定に代表される論理概念が知覚経験を通じて取得されるとしたら、その取得方法自体は論理概念なしに適用可能でなければならない。しかし論理概念なしの方法は方法ではない。ゆえに、論理概念は知覚経験を通じて取得され得ない。第1章でも触れたこの議論は、経験論を論駁する議論としてはかなり強力であるが、これで合理論が完全に擁護されたわけではない。論理概念は何らかの方法によって取得されるものではなく、経験の刺激によって自然に私たちの中に生まれ育つものだという立場が可能だからである。この立場が正しいかどうかという問題は、分析哲学の問題というよりも心理学の問題だといったほうが正確かも知れない。

さて、文その4を使った反論に戻ろう。もし「ミスターJ」という名前が「P子のボーイフレンド」と同義だったとしたら、「ミスターJは、P子のボーフレンドだ」という文はアプリオリに真だと決めることができる。だが、この文を真だと判断するにはアポステリオリな方法が必要である。たとえば、ミスターJとP子のお互いに対する言動、行為、態度などを観察するとか、直接ミスターJかP子に聞くとか、知覚経験に基づく何らかの方法が要るのだ。ゆえに、この二つの名前は同義ではない。

「ミスターJ」という名前が「P子のボーイフレンド」という意味でないのなら、どんな意味なのだろう。「聡美さんの弟」とか「高橋先生のもっとも優秀な教え子」など、誰々さんとこれこれの関係があるという意味だという提案は、すべてだめである。そういう関係を確認するのは、アプリオリにはできないからだ。「ミスターJ」という名前を習得した人がすべて、ミスターJと特定の誰かの間の特定の関係について知っている必要はないからだ。「仙台出身のもっとも優秀な左利きの射手座の分析哲学者」などというのも同様の理由でだめである。では、「ミスターJ」という名前は「『ミスターJ』と呼ばれる人」という意味だ、という提案はどうだろう。それもだめだということは次の段落での考察で明らかになるので、それまで待つことにする。とすると「ミスターJ」の意味はいったい何なのだ。選択肢は非常に限られてしまう。まったくのところ、言葉で記述できるような内容の意味はないのではないか。もしそうだとすれば、「ミスターJ」の意味と呼べるものはただひとつしかない。それはミスターJ自身である。言葉の意味を、その言葉を含む文が言い表す命題の真理条件の一部として捉えれば、名前の意味はその名前が指すものということになる。「ミスターJは背が高い」という文が言う命題の真理条件は、ミスターJという実体が背が高いという属性を持つということである。「ミスターJ」という名前がこの真理条件に貢献するのはミスターJで、「背が高い」という述語が貢献するのは背が高いという属性である。

さてここで、また別の反論を見ることにしよう。「文その5が偽であるような世界を想像すれば、文その3が偽であるような論理的可能世界を想像することになる」という反論である。

文その5　「U助」と呼ばれる人　＝　「ミスター J」と呼ばれる人。

この反論を支えているのは、文その3は「U助」と「ミスター J」という名前についての命題を言い表しているという主張である。もしこの主張が正しいのなら、文その3の言う命題の真理条件と、文その5の言う命題の真理条件は同じ真理条件でなければならない。もし前者が満たされていて後者が満たされていないような論理的可能世界があれば、前者と後者は同じ真理条件ではない。実は、そのような論理的可能世界は本当にあるのだ。そのような世界を想像するのは、さほど難しくない。現実世界で「U助」と呼ばれている人、すなわちU助、が「U助」と呼ばれるが「ミスター J」とは呼ばれない可能世界を想像すればいい。ここで反論者はこう言うだろう。「そのような可能世界は、文その3が真であるような世界ではない。それはU助がU助であるような世界だが、U助は『ミスター J』と呼ばれていないので、U助がミスター Jであるような世界ではないのだ。」この主張に賛同する読者は少なくないかも知れないが、残念ながらこれは混乱している。それを理解するために、まずこの主張が真であるためには次の文が真である必要があるということを確認しよう。

文その6　U助が存在するが「ミスター J」と呼ばれていないような論理的可能世界は、ミスターJが存在しない世界である。

反論者の主張が真ならば、この文も真でなければならない、ということは明白だ。だがこの文は偽なのである。真だと思う読者は、ミスターJであるということと「ミスターJ」と呼ばれるということを混同している。「ミスターJ」という名前は、この本で私が使用している名前だ。この本のなかでは、「ミスターJ」という名前は現実世界でP子のボーイフレンド、すなわちU助に与えられた名前である。なので、私がこの本のなかで「ミスターJ」という名前を使うとき、その名前はU助を指す。よって、私が「ミスターJが存在しない世界」と言えば、私の言葉が意味するのは、U助が存在しない世界ということだ。ということは、文その6が真であるためには、U助が存在するが「ミスターJ」と呼ばれていないような論理的可能世界は、U助が存在しない世界でなければならない。だが、U助が存在するがU助が存在しない世界は論理的に不可能な世界である。したがって、文その6は真ではない。要するに、もしある論理的可能世界にU助が存在すれば、その世界にはミスターJが存在するということだ。その世界でU助が「ミスターJ」と呼ばれているかいないかは関係ない。もし呼ばれていなければ、その世界は、ミスターJが「ミスターJ」と呼ばれていない世界だというだけの話だ。ミスターJが「ミスターJ」と呼ばれていない世界は、論理的に不可能な世界ではない。人の名前は、論理的必然によってその人の名前であるわけではないからだ。この本のなかで「ミスターJ」と呼ばれている人物が、どこかの論理的可能世界でそう呼ばれていないということには何の不思議もない。

文その7 「U助」という名前と「ミスターJ」という名前は同じ人物を指す。

ここでの考察の教訓は、文その3と文その7をはっきり区別すべしということである。文その7は実際に真であり、かつ偽である可能性もある文だが、U助とミスターJの同一性を肯定する文ではない。その一方、文その3は実際に真であり、かつU助とミスターJの同一性を肯定する文であるが、偽である可能性はない。どちらも、実際に真であり、かつU助とミスターJの同一性を肯定し、そして偽である可能性もあるという文ではないのである。

7の5．分析哲学史的な補足

分析哲学における同一性の論議について語るとき、ソール・クリプキーの名を挙げないわけにはいかない。論理実証主義者たちによる執拗な攻撃から形而上学を救い出し、分析哲学において形而上学の地位を確固たるものにしたクリプキーは、特に同一性についてそれまで混乱していた哲学者たちの論議を、巧みに整理整頓して思考の明晰さを一気に押し上げた。すでに言及した『名指しと必然性』という著書が、同一性に関する彼の思考の集大成であり、この章での議論は『名指しと必然性』でのクリプキーの議論をかなり忠実になぞっている。次の章で、クリプキーの議論をさらに発展させることにしよう。

第8章　心ふたたび

8の1. 心は物ではない

というわけで、「もしXとYが実際に同一ならば、XとYが同一でないことは不可能である」という同一性の必然性の主張は、たび重なる攻撃にもめげずしっかりと持ちこたえた。この主張が真である確率はこの上もなく高い。だがその主張は何か哲学的に有用な使い道でもあるのだろうか。それとも、哲学的には無用な空虚な真理にすぎないのだろうか。

哲学的に無用なはずはない。何々と何々が同一だという主張は、哲学ではしばしば論じられる種類の主張だからである。そのなかで一番有名なのは、おそらく心と物の同一主義だろう。心と物の同一主義によると、心の現象は実際に、物理的な物の現象以外の何ものでもない。心の現象とは、思い、望み、感情、感じ、気持ち、知覚経験などいわゆる「心あるもの」が経験すること。物理的な物の現象とは、岩が崖から落ちるとか、脳細胞が刺激されるとかいった、物理科学一般の方法で直接調べられること。心と物の同一主義によると、物理的な物の現象がすべて心の現象だというわけではないが、心の現象はすべて実際に物理的な物の現象である。すなわち、現実世界では、任意の心の現象Xについて、何らかの物理的な物の現象Yがあり、X＝Yであるということである。たとえば赤という視覚の感じを例にとろう。もし熟したトマトが傍にあったら、それを見つめてほしい。なかったら中国の国旗でもいい。ただし星の部分は無視すること。それを見つめているあなたは、赤の感じを経験している。あなたがその赤の感じを経験しているということは、あなたの脳がこれこれの神経生理化学的状態にあるということ以外の何ものでもない。つまり、赤の感じの経験をXとし、これこれの神経生理化学的状態をYとすれば、X＝Yだというわけである。

ここで誰もが聞きたくなるのは、これこれの神経生理化学的状態とはいったい脳のどういう状態なのかということだろう。この問いに対する心と物の同一主義者の答えは、はっきりしている。「それは分析哲学の問題ではなく、経験科学の問題だ。神経生理化学者が、注意深い観察と実験に基づいて決定すべきことである。言い換えれば、それはアポステリオリにしか発見できない事実に関する問いかけであって、アプリオリな方法でものを考える分析哲学者の出る幕ではないのだ。」つまり知的生産の分業の境界線をアプリオリ－アポステリオリの区別に従って引き、分析哲学の主張としての「X＝Y」という心と物の同一主義はアプリオリ側に、そしてそのYがどういう神経生理化学的状態かを発見するのはアポステリオリ側に置くわけである。

ここで心と物の同一主義者は、話をさらにもう一歩先に進める。床にギョーザのたれの染みがついたということは、アポステリオリにしか発見できないことである。床を実際に見たり、当事者に聞いたりしないと分からないことである。床にギョーザのたれの染みがついた可能世界は数多くあるが、現実世界がそのひとつかどうかは知覚経験に頼らなければわからない。ということは、ある諸々の可能世界では床に染みがつき、別の諸々の可能世界では染みがつかず、現実世界がそのどちらのグループに属するかを決めるのが知覚経験だということだ。つまり、染みがつかないような可能世界がそもそもある。ゆえに、床にギョーザのたれの染みがついたという事実は、必然的な事実ではない。

心と物の同一主義者は、この例を一般化して次のような結論に達する。「アポステリオリにのみ発見されうる事実は、必然的な事実ではない。」すなわち、Yがどういう神経生理化学的状態なのかは必然的な事実ではない、というわけだ。現実世界ではY1であっても、Y1ではなくY2であるような可能世界もある、というわけだ。「X＝Y1」が現実世界で真であるにもかかわらず、それが偽で「X＝Y2」が真であるような可能世界があるというのだ。同一性の必然性がここで用をなすということは明らかである。もし現実世界でX＝Y1ならば、同一性の必然性により、(XかY1が存在する) すべての可能世界でX＝Y1である。すなわち、X＝Y1でないような可能世界はない。だが心と物の同一主義によれば、現実世界でX＝Y1であり、かつX＝Y1でないような可能世界がある。ゆえに、心と物の同一主義は偽である。

これは『名指しと必然性』でのクリプキーの議論である。同一性の必然性を使ったこの議論は、心と物の同一主義に非常に大きな打撃を与えた。現実世界でX＝Y1だが別の可能世界ではそれが偽だ、と主張する分析哲学者はもう (ほとんど) いない。だが心と物の同一主義は、「現実世界のみならず、(XかY1が存在する) すべての可能世界でX＝Y1である」という新しいバージョンで、不死鳥のごとく灰の中から舞い上がるのである。このバージョンは、明らかに同一性の必然性を認めている。ということは、このバージョンの心と物の同一主義を反駁するためには、心の現象と物理的な物の現象が離ればなれになっている可能世界があるということを示せばいいということだ。

さらに話を進める前に、ここで有益なたとえをひとつ挙げよう。正確に完成されたジグソーパズルがどんな絵かということは、パズルの個々の断片に何がどう描かれているかによって完全に決まる。つまり、個々の断片が全く同じであるようなふたつのジグソーパズルを正確に完成させてできる絵は全く同じである。すなわち、完成されたジグソーパズルがどんな絵かということは、個々の断片がどんな断片かということから独立ではない。心と物の同一主義者は、心の現象と物理的な物の現象とのあいだの関係を、完成されたジグソーパズルの絵と個々の断片とのあいだの関係と類似するものとして捉えているのである。

では、心の現象が物理的な物の現象から独立であるような可能世界があるかどうか、決める手立てはあるのだろうか。ある。百パーセント信頼できるわけではないが、あることはある。それは想像力だ。きちんと想像できることは可能で、きちんと想像できないことは不可能だということである。もちろん想像力は人によって違うので、非常に想像力に乏しい人が想像できないからといってそれは不可能だと結論するのは早すぎるだろう。また、想像力が異常に豊かな人が投げやりな形で想像しても、あまり当てになる結果は出ないかも知れない。想像力が正常に豊かな人が真剣に細部まで注意を払ってじっくりと時間をかけて想像すれば、結果はかなり信頼できる。だがそのような場合でさえも、百パーセントの信頼度を達成するのは人間技ではない。また、特定の想像がどういう点でどこまで信頼できるかについては、意見の分かれるところだ。哲学的に重要な場面で使われる想像力の信頼性についてどれだけ意見が分かれるか、ふたたび同一性の必然性に関する例を使って見てみよう。

8の2．明けの明星、宵の明星

古代バビロニア人は古代ギリシャ人に、明けの明星と宵の明星が同じ天体だということを教えたと言われている。これがどの程度本当かを調べるのは歴史家に任せておくことにして、私たちは次の文について分析哲学的に考えてみよう。

文その8　明けの明星　＝　宵の明星

文その8の言っている命題は、現実世界で真である。その命題が偽であるような可能世界はあるだろうか。U助とミスターJに関する文その3の時と同じように、同一の必然性に反対する論者は「ある」と答える。そしてその答えをこう擁護する。

明けの明星は東の空の地平線近くに日の出の直前に見える天体で、宵の明星は西の空の地平線近くに日没の直後に見える天体である。現実世界では、東の空の地平線近くに日の出の直前に見える天体と、西の空の地平線近くに日没の直後に見える天体は同じ天体だ。だから、明けの明星と宵の明星は実際に同一だと言える。その一方、東の空の地平線近くに日の出の直前に見える天体と、西の空の地平線近くに日没の直後に見える天体が、異なる天体だという世界は十分想像できる。よって、明けの明星と宵の明星が同一でないような世界は十分想像できる。ゆえに、明けの明星と宵の明星が同一でないということは論理的に可能だ。

ちょっと見るといかにももっともなこの議論には、実は大きな過ちがある。「東の空の地平線近くに日の出の直前に見える天体と、西の空の地平線近くに日没の直後に見える天体が、異なる天体だという世界が想像できる」から「明けの明星と宵の明星が同一でない、という世界が想像できる」を導き出している。これが過ちなのだ。日の出直前に見える天体と日没直後に見える天体が異なる天体だということが想像できても、明けの明星と宵の明星が異なる天体だということが想像できるということにはならない。前者の想像において、日の出直前に見える天体は明けの明星ではないかも知れないし、日没直後に見える天体は宵の明星ではないかも知れないからだ。これが明らかでないならば、U助の例にならって考えれば明らかになるだろう。「セミナーでラッセルを支持する者がP子のボーイフレンドとは別人だ、という世界が想像できる」から「U助がミスターJとは別人だ、という世界が想像できる」は導き出せない。前者の世界では、セミナーでラッセルを支持する者はU助でないかも知れないし、P子のボーイフレンドはミスターJでないかも知れないからだ。

だがこの二つの例は大事な点で類似性に欠ける、という反論があるかも知れない。両者の間には次のような違いがある、という反論だ。「セミナーでのラッセルの支持者は、U助だ」はアプリオリに真だと分かりようがないが、「東の空の地平線近くに日の出直前に見える天体は、明けの明星だ」はアプリオリに真だと分かる。この反論は大変もっともだが、次のような再反論に阻まれるのは必至である。

セミナーでのラッセルの支持者がU助だということがアポステリオリにしか決定できないのは、現実世界のU助という人物に関して、彼がセミナーでラッセルを支持しないような可能世界は現実世界ではない、ということを知覚経験なしで決定することはできないからだ。それでは、現実世界の明けの明星という天体に関して、その天体が東の空の地平線近くに日の出直前に見えないような可能世界は現実世界ではない、ということを知覚経験なしに決定することができるだろうか。もしできるとすれば、現実世界の明けの明星は金星なので、金星が東の空の地平線近くに日の出直前に見えないような可能世界は現実世界ではない、ということを知覚経験なしに決定することができることになる。すなわち、金星が日の出直前に見えるということを天文観測することなしに知ることができることになってしまう。これは明らかに正しくない。

8の3．ゾンビーの双子

この再反論は、同一性の必然性に反対する立場に壊滅的なダメージを与えるほど強力なものである。同一性の必然性反対論者としては、それでもまだ望みを捨てず同一性の必然性と想像可能性に関する考察を続けていくか、またはあきらめて反対を撤回するかどちらかの選択をせまられるだろう。だが、私たちはそんな同一性の必然性反対論者を後にして、心と物の同一主義の査定に戻ろう。心の現象が物理的な物の現象から独立である可能世界があるならば、（新しいバージョンの）心と物の同一主義は偽である、ということは既に見た。この種の反論を掲げて心と物の同一主義に立ち向かうのが、前にも出てきたオーストラリア人デイヴィッド・チャーマースである。物理的な物の現象に関するすべての事実を共有するにもかかわらず心の現象に関する事実でちがいがあるような論理的可能世界のペアがある、という主張を擁護するチャーマースは、地球の代わりに双子地球のある可能世界と、現実世界のペアをそのような世界のペアとして提案する。その双子地球は、水の代わりに双子水があるのではなく、K子の代わりに現実世界のK子とは少しばかり違った双子K子がいるのである。そのほかの点では、現実世界の地球と同じである。その双子K子は、現実世界のK子と全く同じ外観で、言動や行為も変わりはない。身体の内部の生理・化学・物理現象も、器官、細胞、分子、原子、素粒子の各レベルで全く変わらない。そしてそれは脳に関しても同じだ。つまり、物理的な物としてみれば、双子K子は現実世界のK子と判別できない。では何がちがうのか。それは、彼女のある種の心の現象、すなわち感じである。現実世界のK子の行動は、彼女の望みや思いなどで引き起こされかつ制御されており、双子K子の行動も同じように、双子K子の望みや思いなどで引き起こされて制御されている。だが、そうして引き起こされ制御された行動のなかで、K子は常に知覚の感じを経験している。サメの肌に触れればザラッとした触感を経験し、熟したトマトを見れば赤の視覚的な感じを経験する。双子K子はそうではない。彼女には、サメの肌はザラッともヌルッとも感じず、熟したトマトは赤くも緑にも見えない。どの知覚に関する感じもいっさい経験しない。言動がK子と全く同じなので、聞かれればもちろん「ザラッとしてる」とか「赤く見える」とか言うだろうが、その言葉を裏付ける感じの経験は彼女の心の中にはない。K子の経験する視覚的、聴覚的、嗅覚的、味覚的、触覚的な感じは、それぞれ特有の脳の生理・化学・物理的要因と重要な結びつきがあるだろう。そして、そのような脳の要因は双子K子の脳にも起こっている。ただ、K子の中でそれと同時に起こっている感じが、起こっていないのである。感じというものを全く経験しないという意味で、双子K子はある種の意識を持たないと言ってもいい。

双子K子は、K子に似せてこの上なく精密に作られたアンドロイドだと思えばいい。空想科学小説などでのロボットと異なるのは、金属など主に無機物質で作られたロボットとちがい、人間の身体を作っている有機物質でできているということ、それに、感じという心の現象の有無を除いては、人間と全く区別できないということである。そんな双子K子は、分析哲学者の言う「ゾンビー」である。ハリウッドのB級映画によく出てくるゾンビーとは全然ちがうということに注意しよう。ハリウッド映画のゾンビーは、普通の人間とは外観や振る舞いからして異なっている。髪はボサボサ、目はうつろで血走っている。口は半分開きっぱなしで、歩くのもぎこちないが、なぜか深夜に墓地や沼などに現われて半裸体の魅力的な若い男女を襲う。そして大抵そういう若者の脳みそを欲しがる。分析哲学者の言うゾンビーはそうではない。まず、墓地や沼を特に好むわけではない。半裸体の魅力的な若者は好きかもしれないが、特に彼らの脳みそが欲しいわけではない。そして普通の人間と外観では全く区別がつかない。半裸体の魅力的な若い男女自身、分析哲学者の言う意味でのゾンビーかも知れないのだ。

そんなゾンビー版の双子K子がいる双子地球を擁する世界は、現実世界と物理的には区別できないが、心の現象に関しては区別がつく。K子には感じの経験があるが、ゾンビー版双子K子にはない。チャーマースは、ゾンビー版双子K子のいる世界は論理的に可能な世界だと主張する。たしかに、その世界では、脳の生理・化学・物理現象と感じとを結ぶ法則は破られているが、論理法則は何も破られていない。論理的に可能な世界だというのはもっともだ。心と物の同一主義を批判するこの強力な議論に抵抗することはできるだろうか。

できると主張する分析哲学者は、かなりいる。そういう分析哲学者によると、現実世界と物理的にちがいはないが感じの有無に関してはちがいがあるような世界の論理的可能性は、心と物の同一主義の批判としては不十分である。そのような世界の論理的可能性は、心の現象が物理的な物の現象から本当に独立であることを示しはしない。その理由は、論理的可能性は哲学的に重要な意味での本当の可能性ではないからだ。ある世界がただ単に論理的に可能だからといって、その世界が哲学的に重要な意味で本当に可能だということにはならない、というわけだ。では、この哲学的に重要な意味での本当の可能性とは一体何なのであろうか。例を二つ見よう。

ひとつは、水はH_2Oだという事実である。第6章でXYZという分子構造をもつ双子水と比較して論じた時わかったように、H_2Oという分子構造は水にとって本質的である。(議論の簡略化のために、重水や三重水素水は無視し続ける。)ということは、水がH_2Oでないような世界は、水の本質を否定する世界である。何かの本質を否定するような世界は、哲学的に重要な意味で本当に可能な世界ではない。(双子水がXYZである世界は、水の本質を否定する世界ではない。双子水は水ではないからだ。)にもかかわらず、そのような世界は、論理法則を何も破ってはいない。

ふたつ目の例は、徳川吉宗である。徳川吉宗は徳川光貞の四男だということは見た。吉宗として成長することになる受精卵は、母親お由利の卵子と光貞の精子の融合によってできたわけである。お由利の卵子がなかったら、あるいは光貞の精子がなかったら、その受精卵はできなかった。その受精卵ができなかったら、吉宗も生まれなかった。もし光貞でない他の男の精子がお由利のその卵子と融合したとしたら、受精卵はできただろうが、それは光貞の精子との融合の結果できた現実の受精卵とは同一ではない、別の受精卵であっただろう。吉宗として成長することになる受精卵ではないのだ。たとえその受精卵の結果生まれた人物に「徳川吉宗」という名前がつけられたとしてもである。つまり、徳川光貞を父親に持つということは、吉宗の本質的属性なのである。（現実世界での母親であるお由利を母親に持つということも、同様に吉宗の本質的属性である。）徳川光貞を父親に持たないということは、吉宗の本質に反するのである。よって、吉宗の父親が徳川光貞以外の男であるような世界は、哲学的に重要な意味で本当に可能な世界ではない。にもかかわらず、そのような世界は論理的に可能な世界だ。徳川光貞ではなく誰か別の男が吉宗の父親だ、と言ったからといって何らかの論理法則を破ったことにはならない。

これらふたつの例と同じように、ゾンビー版の双子K子を擁する世界は論理的には可能かもしれないが、哲学的に重要な意味で本当に可能とはいえない。そのような世界は脳の本質に反する世界だからである。これが、同一主義者からの反論である。

8の4. 分析哲学史的な補足

心と物の同一性に関して、分析哲学史上もっとも重要な文献がクリプキーの『名指しと必然性』だということは明らかである。チャーマースの『意識ある心』が、その次に続く。思考実験の方法として有益な双子地球を生んだパットナムの『「意味」の意味』も見逃せない。さらにもうひとつ挙げるに値するのが、カリフォルニア大学サンタバーバラ校のネイサン・サーモン（一九五一―）の一九八一年の著書『指示と本質』である。クリプキー主義者としては、クリプキー本人以外、サーモンの右に出るものは世界中どこにもいない。クリプキーが『名指しと必然性』で提唱した諸々のアイデアを緻密に調べ発展させ発表するという点では、クリプキー自身かなわないほどである。

同一性の必然性を擁護するために、クリプキーは「固定指示子」という概念を導入した。「明けの明星」という固有名詞は、現実世界で金星を指す。「東の空の地平線近くに日の出の直前に見える天体」という記述句も、現実世界で金星を指す。だが、東の空の地平線近くに日の出の直前に見える天体が火星であるような可能世界では、後者は火星を指すが、前者は依然として金星を指す。現実世界で東の空の地平線近くに日の出の直前に見える天体は金星だからである。私たちが今ここで実際に「明けの明星」と言うとき、それは現実世界で東の空の地平線近くに日の出の直前に見える天体、金星を指す。よって、私たちが今ここで実際に「東の空の地平線近くに日の出の直前に見える天体が火星であるような可能世界では、明けの明星は、東の空の地平線近くに日の出の直前に見える天体ではない」と言うとき、その私たちの言葉は、東の空の地平線近くに日の出の直前に見える天体が火星であるような可能世界では、金星は、東の空の地平線近くに日の出の直前に見える天体ではない、という命題を言い表しているわけである。東の空の地平線近くに日の出の直前に見える天体が火星であるような可能世界に住む人々が使う「明けの明星」という固有名詞は火星を指すことだろう。だが、それは私たちではない。私たちは現実世界におり、現実世界では東の空の地平線近くに日の出の直前に見える天体は金星だからである。いったん現実世界であるものの名前として導入された固有名詞は、いかなる可能世界についての話の中でも、その同じものを指し続ける。そういう意味で、固有名詞は「固定指示子」だと言われるのである。

固有名詞のほかにも、「水」、「楡」、「アルミ」などの自然種をさす指示子や、「あれ」、「これ」、「私」などの代名詞も固定指示子と見なされている。固定指示という概念を辿ると、おのずから必然性、そしてさらに本質という概念がでてくる。その結果、次のような考えが浮かぶものだ。「明けの明星」が金星を指す固定指示子であり、東の空の地平線近くに日の出の直前に見えるという属性は金星の本質ではないならば、東の空の地平線近くに日の出の直前に見えるという属性は明けの明星の本質ではない、ということなのではないか。「水」がH_2Oを指す固定指示子であり、一酸化二水素という属性はH_2Oの本質であるならば、一酸化二水素という属性は水の本質である、ということなのではないか。一般に、固定指示は、ものの本質に関する色々な含意を擁するのではないか。こういう話題を細かく分析しているのが、サーモンの『指示と本質』である。

第9章　「物」とは何か

9の1．良い議論

議論のない分析哲学は、水のない海のようなものだ。水のない海は海ではなく、だだっ広い盆地にすぎない。議論のない分析哲学は分析哲学ではなく、不毛なアフォリスムにすぎない。では、分析哲学の核心を成すその議論とは何か。一般的な定義を試みるのはうっとうしいので、いきなり例を見ることにしよう。

仮定その1　すべての厳格な菜食主義者は、植物以外のものは口にしない。
仮定その2　U子は、厳格な菜食主義者である。
仮定その3　鳴門巻きは、植物以外のものである。
結論　　　U子は、鳴門巻きは口にしない。

日本語を勉強中のイギリス人がいるとする。そして、そのイギリス人は「厳格な菜食主義者」、「植物以外のもの」、「口にする」、「U子」、「鳴門巻き」という言葉の意味はまだ知らないが、「すべての」、

「は」、「ない」、「である」の意味は知っており、日本語の基本的な構文と文法の単位は習得しているとする。このような彼女の目には、U子と鳴門巻きについてのこの議論は次のように映る。

仮定その1　すべてのAは、BはCない。
仮定その2　Dは、Aである。
仮定その3　Eは、Bである。
結論　　　　Dは、EはCない。

A—Eが何かわからない彼女には、これらの仮定のうち、どれが真でどれが偽かわからない。にもかかわらず、もし仮に三つの仮定がすべて真だとしたら結論も真でなければならない、ということはちゃんとわかる。分析哲学者はこれを、「このイギリス人は、この議論が演繹的に妥当だということを知っている」と言い表す。「演繹的に妥当」は、短くして「妥当」と言われることもある。ここでは短いほうを取って、ただ「妥当」と言おう。これまで色々な概念を分析するに当たって、妥当な議論の例は既にいくつか見たが、ここでは妥当という概念そのものについて考えてみることにする。もし仮定がすべて真ならば、結論も真でなければならない。「でなければならない」で言い表されている必然性は「結論が真である」に係るのではなく、条件文全体に係る。ということはどういうことかと言うと、もし仮定がすべて現実世界で真ならば結論はどの可能世界でも真である、というのではなく、どの可能世界においても、もしその世界で仮定がすべて真ならば結論もその同じ世界で真である、ということなのである。すなわち、仮定がすべて真でありかつ結論が偽であるような可能世界はない、ということだ。現実世界はもちろん可能世界である。ということは、もし仮定がすべて現実世界で真ならば、結論も同じく現実世界で真であるということだ。つまり、妥当で、しかも仮定がすべて実際に真であるような議論の結論は、実際に真であるということになる。妥当で仮定がすべて実際に真である議論を「演繹的に健全」、略して「健全」であると言う。すべての健全な議論の結論は、実際に真である。例のイギリス人には、U子と鳴門巻きに関する議論が妥当だということは分かるが、健全だということは分からない。仮定が何を言っているのか分からないので、それが実際に真かどうかも分からないからだ。仮定がすべて真だと知らされれば、その議論は健全だということが分かり、ゆえに結論が真だということもすぐ分かる。

結論が真だということは、U子は鳴門巻きは口にしないということだ。だが、その妖しいピンクの渦巻きに魅せられて明快な思考が不能となったU子は、鳴門巻きを丸ごと食べてしまったとする。ということは、結論は真ではないということだ。妥当だが結論が偽である。そのような議論は健全でありようがない。妥当なのは明らかなので、少なくとも一つの仮定が偽だということである。仮定その3は真だ。よって、仮定その1か仮定その2、またはその両方が偽である。「厳格な菜食主義者」という概念からいって、仮定その1はどうやら真らしい。もしそうならば、仮定その2が偽である。いくら「私は厳格な菜食主義者だ」と言い張ったとしても、U子は厳格な菜食主義者ではないことになる。だが、「厳格な菜食主義者」という概念そのものが仮定その1を真にするというのは確かだろうか。いや、確かではない。概念だけからいったとしたら、「すべての厳格な菜食主義者は、植物以外のものは口にしない」ではなく、「すべての厳格な菜食主義者は、植物以外のものは口にするべきではない」と言うべきだろう。厳格な菜食主義者だからといって、何が植物で何が植物でないかの判断を誤ることは決してないとは言えない。誤った判断に基づいて植物以外のものを口にしたからという理由で厳格な菜食主義者ではないと決め付けるのは、なまぐさだからという理由で坊主ではないと決め付けるのと似たところがある。

仮定その1　すべての厳格な菜食主義者は、豆を食べる。
仮定その2　I子は、豆を食べる。
結論　　　I子は、厳格な菜食主義者である。

この議論は妥当ではない。ちょっと見ると妥当のようにも見えるかも知れないが、本当は妥当ではない。それを証明するためには、仮定がともに真だが結論が偽であるような可能世界がある、ということを証明すればいい。それがもっとも直接的な方法だが、実はもうひとつ別の方法がある。ここでは、その方法を使ってみよう。そのために、まず、この議論がイギリス人にどう映るか見てみる。

仮定その1　すべてのAは、Bる。
仮定その2　Cは、Bる。
結論　　　Cは、Aである。

もし仮定が両方とも真だと知らされれば、彼女は結論も真だと分かるだろうか。いや分からない。なぜなら、この同じ型の議論で、仮定が両方とも真だが結論が偽であるような議論があるからだ。たとえば、

仮定その1　すべてのフクロウは、物腰が静かである。
仮定その2　あなたは、物腰が静かである。
結論　　　あなたは、フクロウである。

この議論の仮定はともに真である（ことにしよう）。だが結論は明らかに偽である（はずだ）。もっとちがった議論でも同じ用は足りる。

仮定その1　すべての恒星は、天体である。
仮定その2　地球は、天体である。

結論　　地球は、恒星である。

この型の議論は妥当ではないが、分析哲学の教室の外では驚くほどよく使われる。もちろん、この型の議論を妥当だと思って使うのはまちがいである。たとえば、「もてる子はみんなブランドものを身につけている。だから、私たちもブランドものを買いましょう」という議論を取ってみよう。明らかに、この議論には明示されてはいないが暗黙のうちに了解されている仮定がかなりある。それに加えて結論は、真偽を問える命題を言い表す文ではなく誘いの言葉である。これらをすべて整理してこの議論を完全な形で提示するのはここでは骨折り損になるだけなので、発言者が目指す状況について述べている議論として解釈してみよう。

仮定その1　すべてのもてる子は、ブランドものを身につけている。
仮定その2　私たちはブランドものを身につけている。
結論　私たちはもてる子である。

これがI子と豆についての議論と同じ型であることは確かだ。この型の議論は、妥当でないという意味で誤った議論であるにもかかわらず、多くの状況で多くの人々が色々な形で提唱する議論である。その一人にならないように注意しよう。

9の2. やっかいな携帯電話

さてここで、妥当で仮定がすべて真だが、結論が偽としか思えない議論をひとつ見よう。もしその思いが正しければ、それは偽の結論をもつ健全な議論だということになる。だが、そのようなことは議論の健全性の定義上論理的に不可能である。つまり、そのような議論が本当にあるなら、現在世界は論理的に不可能な世界だということになってしまう。それは困る。何とかせねばならない。問題の議論とは次のような議論である。

携帯電話は、色々な分子でできている。実際のところ、携帯電話は、多くの分子の組織的な集まり以外の何ものでもないのではないか。もちろん、分子の数は非常に多いので、たとえ分子がひとつくらい替わっても、携帯電話自体が別の携帯電話になるわけではない。だが、まったく異なった分子からできている携帯電話は同一ではない。つまり、Xが携帯電話で、Yが携帯電話で、Xを構成する分子とYを構成する分子がまったく別々の分子だとすれば、すなわち共通の分子がひとつもないとすれば、XとYは同一の携帯電話ではない。ある特定の携帯電話をKと呼ぼう。Kは多くの分子の組織的な集まりである。それらの分子をM_1、M_2、M_3、……、M_nとする。Kは有限の大きさなので、nは正の整数である。さて、M_1をまったく同じ種類の別の分子L_1で置き換えるとしよう。M_1を取り除いて、代わりにそこにL_1を入れるのだ。L_1はM_1と同じ種類の分子なので、Kの全体的な組織構造は変化なしである。この置き換えによってKは、非常に小さな修理を受けたということになる。つまり、Kに始まり、M_1をL_1で置き換える操作をすれば、その結果はやはりKである。置き換えの操作は、Kの同一性を損なわない。さて次に、M_2をまったく同じ種類の別の分子L_2で置き換える。M_1の場合と同じように、Kの全体的組織構造は変わらない。M_1の時と同じように、この置き換えはKの同一性を損なわない。よって、置き換えの結果の携帯電話はKに他ならない。次にM_3をL_3で置き換える。結果は前と同じ、Kである。このように、分子ひとつずつの置き換え作業を全部でn回する。n回目の置き換えのあとの携帯電話をTと呼ぼう。任意の置き換えはKの同一性を維持するので、Kで始めればKで終わる。よってTはKである。だがその一方、TはL_1、L_2、L_3、……、L_nでできており、置き換えの前のKとは共有する分子がひとつもない。よってTはKではない。ゆえに、TはKでありKでない。これは論理的矛盾である。

この議論がまったく腑に落ちない、詭弁だとしか思えないような読者がいるはずだ。あなたに、そういう読者の代表になってもらうことにしよう。あなたは、TがKでありKでないという結論はもちろん受け入れられない。論理的に矛盾しているのは明らかだからだ。ということは、この議論は健全でないと言わねばならない。ならば妥当でないか、仮定のうち偽であるものが少なくとも一つあるということになる。どちらであるかを決めるために、この議論を整理することにしよう。

仮定その1　もしKがお昼の十二時に存在して、M_1、M_2、M_3、……、M_nから成っているとし、一分でM_1がL_1で置き換えられるとすれば、その置き換えの結果の十二時一分における携帯電話はKである。

仮定その2　もしKがお昼の十二時一分に存在して、L_1、M_2、M_3、……、M_nから成っているとし、一分でM_2がL_2で置き換えられるとすれば、その置き換えの結果の十二時二分における携帯電話はKである。

仮定その3　もしKがお昼の十二時二分に存在して、L_1、L_2、M_3、……、M_nから成っているとし、一分でM_3がL_3で置き換えられるとすれば、その置き換えの結果の十二時三分における携帯電話はKである。

…

仮定そのn　もしKがお昼の十二時プラスnマイナス1分に存在して、L_1、L_2、L_3、……、L_{n-1}、M_nから成っているとし、一分でM_nがL_nで置き換えられるとすれば、その置き換えの結果の十二時プラスn分における携帯電話はKである。

このn回の置き換えがなされたとする。ならば、このn個の仮定により、置き換え結果の十二時プラスn分における携帯電話TはKである。だが、これは次の仮定と矛盾する。

仮定そのn＋1　構成分子がまったく異なる携帯電話は同一ではない。

お昼の十二時のKと、十二時プラスn分のTは構成分子がまったく異なる。よってこの仮定により、TはKではない。

こう整理されても依然この議論が腑におちないあなたは、まず、このn＋1個の仮定のうち否定できそうなものがないか調べるだろう。まず仮定その1から始める。あなたは先週の金曜日、自分の携帯電話を修理に出した（としよう）。お気に入りのバッハのトッカータとフーガのリングトーンが、おけさ節に聞こえていたのだ。原因はハードウェアにあり、マイクロチップをひとつ替えただけですぐ直った。おけさ節がバッハに変わったのに気づいた友人が「新しい携帯買った？」と聞くと、あなたは「ちがう、修理しただけ。前と同じ携帯」と答える。あなたのこの答えは正しい。もし「そう、買い換えた。これ、新しい携帯」と答えたら嘘になる。マイクロチップに比べたら一つの分子は何万倍も何億倍も小さいので、仮定その1を否定することはできない。

と考えてきたあなたは、しかし、ここで躊躇する。「ちょっと待った。これは厳密に言ったら、すこし違うんじゃないか。M_1、M_2、M_3、……、M_nの分子の集まりからM_1を取って替わりにL_1を入れたら、もとの集まりとは別の集まりになるんじゃないか。」こう考えるあなたは正しい。だがそこから「よって、十二時一分における携帯電話はKではない」と結論するとすれば、それは正しくない。なぜなら、そう結論するためには「M_1、M_2、M_3、……、M_nの分子の集まりとKは同一である」というさらなる仮定が必要だが、この仮定は偽であるからだ。M_1、M_2、M_3、……、M_nの分子の集まりは十二時にKを構成しているが、「を構成している」とは「と同一物である」ということではない。このことについて少し詳しくみてみよう。

私たち人間の身体は常に新陳代謝し続けており、毎日何回も多数の古い分子を外に排出し、それに替わる新しい分子を外から吸収している。だが、今日のあなたと昨日のあなたは同一の人間である。「いや、まったく同一ではない。少しだけだが変わっている」と反論する人は、同じ人間が異なった時に異なった属性を持つことができるということを忘れている。そもそも「変わる」という概念そのものが、基調になる実体の同一性を仮定しているのだ。「あなたは、昨日から今日にかけて変わった」と言うとき私たちは、次のことを言っているのである。「あなたは昨日あれこれの属性を持っていた。あなたは今日これこれの属性を持っている。そして、昨日の属性と今日の属性はまったく同じ属性ではない。」ここで二回使われている「あなた」という語は同一人物を指している。そうでなければ、あなたという一人の人物が昨日から今日にかけて変わったと言っているのではなく、二人の別々の人物が持っている属性が完全に同じではないと言っているに過ぎないことになってしまう。完全に同じではない属性を持つ人が二人いる、ということは変化ではない。ここで使われている「変化」という概念そのものが、昨日のあなたと今日のあなたの同一性を要求するのだ。

また、同一性と類似性を混同してはいけない。XとYが同一だということは、XとYを数えると結果は「1」だということである。その一方、XとYは類似しているということは、XとYが共有する属性の数が多いということだ。双子のP子とQ子は多くの属性を共有しているので類似している（似ている）。今日のあなたは、昨日のあなたが持っていた属性のいくつかを失っているという意味で、昨日のあなたとの類似の度合いが少々下がってはいるが、昨日のあなたと別の人間であるわけではない。そんな風に簡単に人間の同一性が失われてしまっては、人間関係の成立はおろか、規則や法律の適用が妨げられ、秩序立った社会は機能しなくなるだろう。曲がりなりにも私たちの社会は秩序立って機能しているという事実は、その中で生きている私たちの「人間の同一性」という概念がある程度確固たるものだということを示している。

それと同様に携帯電話の同一性も、マイクロチップをひとつ替えたくらいで消え去る程はかないものではない。「これは厳密に言ったら、すこし違うんじゃないか」と言った時のあなたが言う「厳密」さというのは、携帯電話の同一性から私たちの注意をそらして、携帯電話を構成する分子の集まりの同一性に向けるという働きがあるのだ。文字どおり細かいこと、つまり分子のことについて言えば、十二時と十二時一分ではそこに異なった分子の集まりがあるわけなので、分子の集まりの同一性は失われている。この事実を、携帯電話の同一性そのものについての「厳密」な結論と勘違いするのは容易だが、それはまちがいである。携帯電話と、その携帯電話を構成する分子の組織された集まりとは別物である。後者は前者を構成するが、前者と同一ではない。

「仮定その1から仮定そのnをひとつずつ別々に見ればそういう事かも知れないが、まとめて見ると微妙にそうではないことが分かる」とここであなたは言う。あなたによると、十二時から始まった分子の置き換えは、一回ごとにKの同一性をほんの少しだけ侵食する効果がある。あまり少しなので気がつかないが、n回繰り返されればその結果は明らかにKの同一性の完全な消失なのだ。あなたのこの意見によれば、Kの同一性は「是か否か」という二極的な問題ではなく、多くの段階を許す「程度」の問題なのである。Kにとって分子を一つ換えられるのは、マイクロチップをひとつ換えられるのより遥かに低い程度に同一性に影響があるにすぎないが、同一性を少しでも損なうことに変わりはない。それを何回も繰り返せば、いずれはKの同一性は百パーセント失われる。

同一性は程度の問題である、というあなたのこの主張はまちがっている。第6章で顔を出したライプニッツにちなんで「ライプニッツの法則」と呼ばれる、同一性を支配する有名な原理がふたつある。

ライプニッツの法則その1　もしXとYが同一なら、Xが持つ属性とYが持つ属性はすべて全く同じである。

ライプニッツの法則その2　もしXが持つ属性とYが持つ属性がすべて全く同じなら、XとYは同一である。

同一性は最大限の類似性であり、最大限の類似性は同一性であるというわけだ。ここではライプニッツの法則その1を使う。(ライプニッツの法則その2は、P子とQ子に関して第7章で触れた。) この法則は全く当たり前である。XとYが文字どおり同一のものなら、Xの属性は何だろうとYの属性であり、Yの属性は何だろうとXの属性である、ということは当たり前の話だ。ライプニッツの法則その1を使って、あなたの主張が誤りだということを証明できそうである。ライプニッツの法則その1は、次の法則と論理的に等しい。

ライプニッツの法則その3　もしXが持つ属性とYが持つ属性に何らかの違いがあれば、XとYは同一ではない。

Xがある属性を持ち、Yがその属性を持たないならば、YはXであるはずがない。さて仮に、同一性は程度の問題だとしよう。そして、XとYが百パーセント同一ではなく、九九・九九九パーセント同一だとしよう。とするとYは、Xと九九・九九九パーセント同一だという属性を持っているが、Xと百パーセント同一だという属性は持っていない。だがしかし「X＝X」は百パーセント真である。ということは、Xは、Xと百パーセント同一だという属性を持っている。よって、XはYが持っていない属性を持っている。ゆえにライプニッツの法則その3により、XとYは同一ではない。ここでいう「同一」はライプニッツの法則における「同一」なので、程度の問題ではない。すなわち、XとYはまったく同一でない（百パーセント同一でない）。よってこれは、YはXと九九・九九九パーセント同一だという始めの仮定に反する。この議論は、百パーセントと0パーセントの間のいかなる数値についても当てはまる。ゆえに、同一性は程度の問題ではない。

9の3．時間ですよ

ここで引き下がるあなたではない。もうひとつ別の議論を吹きかけてくる。たった今使われたライプニッツの法則その3を、今度は自分の味方として使うという小憎い議論である。十二時における携帯電話をK_1、一分後の携帯電話をK_2としよう。K_1をX、K_2をYとすると、ライプニッツの法則その3により、もしK_1が持つ属性とK_2が持つ属性に何らかの違いがあれば、K_1とK_2は同一ではない。だが、K_1とK_2が持つ属性の間には明らかに違いがある。K_1はM_1を含むが、K_2はその代わりにL_1を含む。よってK_1とK_2は同一ではない。ゆえに、置き換えの結果の十二時一分における携帯電話はKではない、すなわち仮定その1は偽である。

あなたのこの議論は非常に説得力があるが、ひとつだけ穴があいている。それは、K_1はKだという暗黙の仮定である。この仮定は、暗黙にされるだけあって全然疑いの余地がないようにみえるが、じつは偽なのである。ライプニッツの法則その3がそれを示している。K_1は十二時における携帯電話である。ということは、K_1は十二時に存在し、十二時以外の時には存在しない。十一時五十九分には存在しなかった。十二時における携帯電話であって、十一時五十九分における携帯電話ではないからだ。しかしKは十二時のみならず、十一時五十九分にも存在した。よって、Kが持つ属性でK_1が持たないものがある。ゆえにライプニッツの法則その3により、K_1はKではない。

この議論で大事なのは、KとちがってK_1は、ひとつだけの時点に限られた存在だということである。私たちが把握する「携帯電話」という概念は、ある程度の期間継続して存在する物の概念である。それに反してK_1は、継続して存在することができない。十二時前には存在せず、十二時後にも存在しない。十二時に閉じ込められた存在といっていい。私たちが言う「携帯電話」とは、そういう風に時間的に閉じ込められた物ではないのだ。そんな風に閉じ込められてしまっていれば、そもそも携帯電話として機能不可能である。

K_1がKと同一でないのなら、K_1とKの関係はいったい何なのか。それは部分と全体の関係である。この関係を正しく理解するために時間から空間へいったん話を変えよう。あなたは自家用車を持っている（としよう）。アルファ・ロメオ・スパイダーである（としよう。あなたの給料でどうしてそんな車が買えるのか誰も知る由もないが、とにかく持っている）。その車の運転手側のドアはその車の部分である。ここでいう部分とは、空間的な意味での部分のことだ。車全体は、ある一定の体積の空間を余すところなく占めている。その空間の部分空間は、いずれも車の部分で占められている。車のそういう部分が車の空間的な部分なのである。助手席は同じ車のもうひとつ別の空間的な部分であり、風防ガラスはさらにもうひとつ別の空間的な部分である。運転手側のドアは、それ自体では人を乗せて走るという車の機能を果たすことはできない。助手席や風防ガラスにしても同じである。だが、そういう空間的な部分をすべて正規の形で集めれば、車として存在する。ここで空間から時間へと戻ろう。空間的な部分のかわりに、時間的な部分を考えるのだ。K_1はKの、十二時における時間的な部分である。そしてK_2はKの、十二時一分における時間的な部分である。十二時から十二時プラスn分までの各時点でKは時間的な部分を持つ。工場で製造された瞬間からどこかで破壊されるまでの期間の各時点において、Kは時間的な部分を持つのだ。K自体は、そうした時間的な部分の集まりなのである。アルファ・ロメオ・スパイダーは空間に広がりを持つが、Kは時間に広がりを持つのである。(もちろん前者は時間にも広がっており、後者は空間にも広がっている。)こういう具合にKを考えると、仮定そのn＋1もそれに合わせて次のように調整する必要がある。

新しい仮定そのn＋1　構成分子が全く異なるふたつの時間的部分は、同一の携帯電話の時間的部分ではない。

K_1とK_nは構成分子をひとつも共有しないので、同一の携帯電話(たとえばK)に属する時間的部分ではない、というわけである。

9の4．携帯電話がない

さて、もとの議論に戻ろう。TはKでありKでないというその結論は真ではあり得ないので、真でない仮定があるか、あるいは議論が妥当でないかどちらかである。すべての仮定が真だというわけではないという主旨の議論をいくつか見たが、ここで同じ主旨のもっと過激な議論を見てみよう。それは、今までの議論では明示されず暗黙のうちに了解されていた仮定を、明示して否定するものである。その暗黙の仮定とは、「Kは存在する」という仮定だ。そして過激な議論とは、Kなどというものはそもそも存在しないと結論する議論である。Kが存在しないなら、Kのことについてあれこれ述べる他の仮定も真ではありえない。この議論は、もとの議論そのものに基づくとても短い次のような議論である。

もとの議論によると、もしKが存在するなら、TはKでありKでない。「TはKでありKでない」は真ではない。よって、「Kが存在する」も真でない。ゆえに、Kは存在しない。

もし、もとの議論が妥当だとすれば、この過激な議論はかなり強力な議論である。あなた自身この議論がたいそう気に入っており、Kの存在はかなり危ういかなと思う。いやそれどころか、あなたの懐疑論は携帯電話をこえて、私たちの日常環境を作っている無数の分子でできている物すべてに向けられる（としよう）。自動車も、電車も、道路も、建物も、すべてこの議論の対象になるのである。もしこの議論の結論が真なら、私たちに馴染みのある物はすべて存在しないことになる。「だからどうだというのだ。どうせこの世は幻覚なのだ」とあなたは言う（としよう）。私たちの身の回りにあると思える物体はすべて本当は存在しないのだ、と言い切ってはばからない。このような立場に立てば、TはKでありKでないという、もとの議論の矛盾的結論を回避することは確かにできる。だが、その代償は大きい。

9の5．ちゃんと説明してください

「私たちの身の回りにあると思える物体は、すべて本当は存在しないのだ」というあなたの主張について詳しく考えてみよう。本当は身の回りに何の物体もないが、あるように見える、という主張である。ということは、身の回りに物体があるという幻覚があるということだ。「この世は幻覚」という言葉がそれを裏付けている。幻覚というのは、これこれに見えるけれども実はこれこれではないということなので、そもそもこれこれに見えるということがなければならない。この「見え」そのものは存在するわけである。だとしたら、その「見え」をどうやって説明したらいいのだろう。なぜ、私たちの身の回りには色々な物体があるように見えるのだろう。もちろん、ただの飲みすぎではすまされない。グラスも、アルコールの液体も、ボトルも、バーそのものさえ存在しないことになっているのだから。自分自身の口や舌も「身の回りの物」ではないにしろお馴染みの物理的物体に変わりはないので、あなたの懐疑論によると存在しないことになる。

ということは、私たちは第3章で見たプールの中の脳のシナリオのようなことになっているのだろうか。非常に高度の技術と限りない資本によって設置され、この上なく注意深く維持されたコンピューターの制御のもとで、あたかも物体にかこまれて普通の生活をしているような知覚経験を人工的に与えられている脳なのだろうか。もし私たちがそういう脳ならば、そして制御のコンピューターが支障なく思わく通り機能しているならば、私たちの知覚経験はある程度説明される。だが、その説明は、唯一の可能な説明でもなければ、最良の説明でもない。

もうひとつ別の説明によると、私たちはそのような秘密研究所ではなく普通の場所にいて、自動車も、電車も、道路も、建物も、そのほかの物体もすべて知覚経験が示すのとほぼ変わらない状態で本当に存在し、その知覚経験の原因となっている。いたって常識的なこの説明と、プール内の脳のシナリオによる説明を比較すれば、説明としてどちらがより優れているだろうか。常識的な説明は、自然でスムーズでまったく無理がない。それに比べて、プール内の脳の説明は不自然でぎこちなく非常に無理がある。そして、その上さらなる説明を余儀なくさせる。たとえば、秘密研究所はいかにして成り立っているのか。知覚経験をほぼ完全にシミュレートしそれを長期間にわたって維持できるようなコンピュータープログラムを、誰がどうやって書くことに成功したのか。など数多くの説明が求められる。自分が猫をからかって遊んでいるように見えるとか、ヨガ教室でヨガをしているように見えるとかいった、ごくありきたりの知覚経験を説明するために、そのような突拍子もない説明をせねばならないというのは、プール内の脳の説明の大きな弱点である。だが最大の弱点ではない。

もっと大きな問題がある。それは注意深い読者ならすでに気がついているかも知れないが、プール、コンピューター、秘密研究所、などこの説明に欠かせない物は、物理的な物体としてそれ自体があなたの懐疑論的議論の対象になるということである。それだけではない。脳そのものも同じように議論の対象になり、その存在が否定される。第3章の例その五が思い起こされる。すべての物理的物体の存在が否定されるこのシナリオの中で、私たちの知覚経験は一体全体いかなる説明が可能だというのだろう。プール内の脳などとは比較にならないくらい過激な説明が必要になることは明らかである。それに比べれば普通の常識的な説明は、はるかに経済的で筋が通っていて無理がない。説明としてどちらかを採れと言われたら、そちらを採るのが理にかなっている。

これに対し、そもそもなぜ知覚経験は説明されねばならないのか、と開き直る読者がいるかも知れない。そういう問いは、なぜ私たちは子供をつくるのかという問いと似ている。別に子供をつくらなくてもいいが、もしつくらなければ私たち人間は死に絶えてしまう。死に絶えてもいいという人には、子供をつくる理由は分からないかも知れない。また、育てる喜びがあるから子供をつくるのだという説明も、子供を育てる喜びを理解できない人には不可解であろう。なぜ私たちに知覚経験があり、それがいかにして特定の性格・属性を持つかということを説明したいと思わない人には、どんな説明も同じように無意味に聞こえるだろう。だが、そういう人は日常生活での行動に支障をきたすのは必至である。目の前にあるように見えるグラスに手を伸ばそうとする行為の意志そのものが、自分の知覚経験の特定の説明に基づいているからだ。目の前に水の入ったグラスがあるように見えるのは、目の前に水の入ったグラスがあるからだ、という説明である。このごく普通の日常的な説明を無意識にでも仮定していなければ、グラスに手を伸ばすというような簡単な行為をしようとする意志そのものが不可能になる。そういう極めて基本的な意味で、私たちの説明への欲求は私たちの生存を可能にしているのである。

説明するのはいいが、なぜ理にかなっていなければならないのか。理性的でなければならないのか。なぜ理性的な説明より理性的でない説明を選んではいけないのか。こういう質問をする人は、説明という概念を完全に把握していない。ある特定の現象を説明するということは、その現象が起こる背景や経過を、できるだけ無理なく筋道立てて述べるということに他ならない。それはすなわち理性的に述べるということだ。「無理なく」とは「理性無しでなく」という意味だ。理性的でない説明は、プリンで作られた金槌のように役立たずなのである。

9の6．曖昧模糊

ふたたびもとの議論に戻ろう。TはKでありKでないというその結論は、いかにして回避できるのだろうか。そのひとつの答えは、実はすでに出ている。整理された議論の考察のなかで、K_1はKと同一ではなく、十二時におけるKの時間的な部分だということを見た。K_{n+1}はK_1と共通する分子がひとつもないので、新しい仮定そのn＋1（構成分子が全く異なるふたつの時間的部分は、同一の携帯電話の時間的部分ではない）が真ならば、十二時プラスn分におけるKの時間的な部分ではない。とすれば、Kは十二時と十二時プラスn分の間に存在しなくなっている。だとすれば、それはいつなのか。すなわち、K_2、K_3、……、K_n、のうちどれが、Kの最後の時間的部分なのか。K_2ではないだろう。Kの時間的部分であるK_1と分子ひとつしか違わないのだから。K_2がKの時間的部分ならば、K_3もそうだろう。K_2と分子ひとつしか違わないのだから。とこういう具合に議論を進めていくと、どれもKの最後の時間的部分ではないことになってしまう。だがそれは、Kは十二時と十二時プラスn分の間に存在しなくなるということと矛盾する。どうすればいいのだろう。

ここで、ふたたび時間と空間の類比に頼ってみよう。十二時におけるK、すなわちK_1を原子のレベルでよく見ると、その空間的広がりははっきりしていないということが分かる。どの電子がK_1の一部でどの電子がそうでないかは、決してはっきりしているとは言えない。K_1の空間的な広がりは、ぼやけているように思われる。

これは他の物理的物体にもいえる。山などは特にひどい。富士山がどこで終わるかという問いに、正確な答えは出ない。太平洋は富士山の一部か。いや、そうではない。では熱海市はどうか。三島市は、長泉町は、裾野市は、富士山スカイラインはどうか。もし裾野市は富士山の一部ではないが富士山スカイラインは富士山の一部だとしたら、両者の間のどこで富士山は終わるのか。絶対ここだという線は引けない。では私たちが「富士山」と言う時、正確にはいったい何を指しているのだろうか。答えは「これというひとつのものはない」である。正確にどこで富士山が終わるのかは知る由もないが、太平洋ではないだろう。また、富士山頂が富士山の一部であることは確かだろう。富士山頂から熱海市へ地形に沿って最短線を引けば、その線上で三合目と裾野市の間に位置する無数の点が富士山の空間的ぼやけを表している。熱海市の方向だけでなく、富士山頂からすべての方向に同様の長さの線を引いて、山頂から等距離の無数の点をまるく繋げれば、山頂を中心とする同心円が無数に描かれる。そして、その円の一つ一つが「富士山」という名詞が指し示しうる物に対応する。そのうちのどれかひとつのみが本当の富士山だとは言えない。だからといって、富士山が無数にあるわけではない。同心の円は無数にあるが、すべてひとつの中心を共有している。そういう意味で富士山はただひとつなのである。富士山は本州にあると言うのが正しいのは、無数にあるその同心円のどれもが本州にあるからで、富士山は九州にあると言うのが間違いなのは、無数にあるその同心円のどれも九州にはないからである。

富士山ほどではないが、K_1についてもかなりの曖昧性がある。富士山の考察から明らかなように、はっきりした空間的広がりを持つ原子の集まりのうちK_1を構成する集まりとして候補に挙げられ得るものが数多くあるということは、K_1が数多くあるということではない。Kは十二時においてただひとつの時間的部分しか持っていない。候補に挙がる原子の集まりはすべて、K_1の重心あたりを共有しているいわば（かなり押し潰された形の）同心直方体である。そういう意味でK_1はひとつなのである。K_1はあなたのものであると言うのが正しいのは、無数にあるその同心直方体のどれもがあなたのものだからで、K_1が八丈島にあると言うのが間違いなのは、無数にあるその同心直方体のどれも八丈島にはないからである。K_1について言えることは、そのほかのKの時間的部分についても同じように言える。

携帯電話そのもの、すなわちKは、そういう個々の時間的部分の空間的広がりに関する曖昧さを相続しているのみならず、時間的部分の集まりとしてそれ自体が時間的広がりに関する曖昧さに取り付かれている。こう考えれば、Kがいつ存在しなくなるのかという問いは、空間の広がりの曖昧性に関する問いと同じように答えられる。十二時と十二時プラスn分の間の時間帯でいつKが存在しなくなるかにかかわらず、その時間帯にある無数の携帯電話の形をした原子の集まり、K_2、K_3、……、K_n、はすべてK_1からいくつかの分子置換を経て到達されたものである。つまりK_1というひとつの共通の出発点を持つ。そういう意味で、Kはひとつなのである。Kはオレンジ色だというのが正しいのは、K_2、K_3、……、K_nがすべてオレンジ色だからで、Kはビデオが撮れるというのが間違いなのは、K_3、……、K_nがすべてビデオ機能に欠けているからである。

9の7．携帯電話がありすぎる

あなたはその後もまだ考え続け、その結果次のような新しいアイデアにたどりついた。TはKでありKでないというもとの議論の結論を回避するやり方として、TはKでないということを否定するというのはどうだろう。新しい仮定そのn＋1を否定することになる。つまり、TはKと同一であると主張するのだ。前にも見たように、私たちの身体は常に新陳代謝し続けており、古い分子は捨て去られ新しい分子が入ってくる。十年も経たないうちに、身体の中の分子はすべて交換されると専門家は言う。それが本当なら、十年前のあなたの身体を構成していた分子の集まりと、今のあなたの身体を構成する分子の集まりの間には共通の分子はひとつもないわけだ。にもかかわらず、あなたの身体は依然としてあなたの身体である。十年前の時間的部分と今の時間的部分は、あなたの身体というひとつの持続する物の時間的部分である。この十年の間にあなたの身体は色々な面で変わったが、構成分子の集まりという面でも大きく変わったのだ。(「変わる」という概念は、異なった時間に異なった属性を持つ同一の実体を仮定しているということを忘れてはいけない。)新しい仮定そのn+1が人間の身体について偽なら、携帯電話について偽であってもおかしくない。Kは十二時から十二時プラスn分までずっと持続的に存在し続ける、というこのアイデアは決して突拍子もないものではなく、もとの議論への最終的な答弁として受け入れられそうだ。

受け入れられそうだが、今ここで受け入れるのは時期尚早である。次のような、さらなる思考実験のシナリオを考える必要があるからだ。M_1、M_2、M_3、……、M_nは、携帯電話から取り除かれた後どこかに捨て去られたわけではなく、密かに保管され注意深く組み立て直されていたのだった。十二時プラスn分後に、L_1、L_2、L_3、……、L_nがK_{n+1}を構成するのと時を同じくして、別の場所にM_1、M_2、M_3、……、M_nで構成された携帯電話が出来あがっていたのだ。十二時のK_1と同じ分子が同じ相互関係を保って組み立てられたこの携帯電話は、この時点以後何の変哲もなく存在し続ける。時間的な広がりを持つこの携帯電話をD、十二時プラスn分におけるDの時間的部分をD_1と呼ぼう。D_1とK_1は、存在する時間がちがうということ以外、分子レベルでさえ全く相違点がない。すなわち、十二時プラスn分においては、Dは分子の置き換えが始まる前のKと区別がつかないということだ。その一方、K_{n+1}は分子の置き換えが始まる前のKと分子をひとつも共有しない。この事実を強調すれば、十二時プラスn分におけるKはK_{n+1}ではなく、D_1なのではないかという考えが自然と浮かぶ。つまり、新しい仮定そのn+1がふたたび息を吹き返すのではないかということだ。Kはひとつの携帯電話であって、ふたつの全く別の場所に同時に存在することはできない。よって、もしD_1がＫの時間的部分だとすれば、K_{n+1}はＫの時間的部分ではありえない。

「しかしK_{n+1}は、K_1から始まった分子の置き換え操作の結果であるという意味で、十二時におけるＫと連続的につながっている。よってｎ分後のＫの時間的部分といえる」という反論があるかもしれない。連続性の考慮が新しい仮定そのｎ＋１を駆逐するという主旨である。それに対して、こういう巻き返しがある。

K_{n+1}を構成している分子をみれば、十二時にはそのうちどれもＫの中にはない。最初の新しい分子が十二時一分にＫの中に組み込まれる。その一分後にふたつ目が、そのまた一分後に三つ目が、というように徐々に組み込まれていって、十二時ｎ分には組み込まれてた分子がすべて新しい分子となる。これを、D_1を構成する分子と比べてみよう。D_1の分子は、十二時にはすべてどれもＫの中にある。そして最初のひとつが、十二時一分にＫから取り出されて別の場所に運ばれる。その一分後にふたつ目が取り出されて、その別の場所でひとつ目の分子と組み合わされる。そのまた一分後に三つ目が取り出されて、最初のふたつの分子と組み合わされる。というように徐々に取り出され、既に取り出されてそれ自体で組み立てられている分子の集まりに組み込まれる。こういう意味で、D_1も十二時におけるＫと連続的につながっていると言える。K_{n+1}とちがうのは、K_1とのつながりを成す連続的な変化が、置き換えによる変化ではなく構築による変化だということくらいだ。それは連続性そのものを減少させるわけではない。

もしこの巻き返しの言うように、K_1との連続性に関してK_{n+1}はD_1に勝ってはいないとすれば、新しい仮定そのn＋1への反論がなくなるので、D_1がKの時間的部分だという主張は安泰である。

だがもしそうだとしたら、十二時プラスn分においてKは、もとの場所ではなく別の場所にある。Kは D なのである。ということは、十二時プラスn分にもとの場所にある携帯電話はKではなく、新しい携帯電話である。では、もとの場所ではいつKがなくなってその新しい携帯電話があるようになったのだろう。これは時間的存在の曖昧さの問題である。すでに見たように、空間的存在の曖昧さの問題と同様にあつかえば良い。

9の8．分析哲学史的な補足

この章で扱っている話題は、哲学史上かなり古くから知られていたが分析哲学者たちによって初めて画期的な扱いを受けるにいたった話題の典型的な例である。物の同一性と変化についての最初のまとまった著書としては、ロンドン大学そしてオックスフォード大学にいたデイヴィッド・ウィギンス（一九三三―）による一九八〇年の著作『同一性と実体』と、ハーバード大学のロバート・ノージック（一九三八―二〇〇二）執筆の一九八一年の著書『哲学的説明』が挙げられる。前者は、アリストテレス風の実体の理論を分析哲学の手法で発展させたもの。後者は、変化するものの同一性についての「最良継続者理論」という分析を擁護するものである。

南カリフォルニア大学そしてプリンストン大学にいたオランダ人バスチアーン・ファンフラーセン（一九四一―）の一九六六年の論文「個体指示子、真理値ギャップ、自由論理」と、ニューヨーク大学のイギリス人キット・ファイン（一九四六―）の一九七五年の論文「曖昧、真理、論理」は、曖昧性を整合的に語るのに重要な「スーパー評定」という論理学の手法を明示している。本章での富士山の曖昧さについての考察は、この手法を使ったものである。

物理的な物は空間的にだけでなく時間的にも広がっている、という立場は「四次元主義」と呼ばれる。前にも出たデイヴィッド・ルイスの著書『複数の世界について』（一九八六年）、アメリカ、シラキューズ大学のマーク・ヘラー（一九五七―）の一九九〇年の著作『物理的物体の存在論――質料の四次元塊』、いくつもの大学を経て今はアメリカのコーネル大学にいるシオドア・サイダー（一九六七―）の二〇〇一年の著書『四次元主義――持続と時間の存在論』などが四次元主義を論じる代表作といえる。先駆的な論文としては、クワインの「同一性、直示、基盤」（一九五〇年）と、アメリカのブラウン大学、コロンビア大学、ローチェスター大学で教鞭を取ったリチャード・テイラー（一九一九―二〇〇三）の「空間と時間のアナロジーと同一性の概念」（一九五五年）がある。

第10章　数とは何か

10の1．素数が無数にある

心の現象と物理的な物の現象のほかに、第三の種類の現象があるという意見がある。たとえば、3の平方は9であるということ、限りなく多くの素数が存在するということ、ユークリッド平面上の三角形の内角の和は二直角であるということなどである。こういった数学的事実は実は心の現象のひとつの現われにすぎないとか、物理的な物の現象に還元されるとか主張する哲学者は少なくないが、彼らがそう主張するのは、心の現象と物理的な物の現象以外の、第三の種類の現象を認めたくないという理由による。なぜ認めたくないのかは哲学者によってちがうし、一般論も話が長くなるので、ここでは論じない。もうひとつ別の立場として、数学的な事実は本当の意味で「現象」とは言えないという立場がある。これによると、心の現象と物理的な物の現象をすべて数え上げれば、起こっている現象はすべて網羅されるが、その現象を取りまとめ整理整頓して理解可能にするために不可欠な道具として数論や幾何学がある。つまり、数論や幾何学などの数学理論は心の現象や物理的な物の現象をそもそも意味ある現象として可能にする、という意味で数論の事実や幾何学の事実はメタ現象なのだ、というわけである。この章では、「現象」と言うべきか「メタ現象」と言うべきかは別にして、数論の事実そのものについて少し考えてみることにしよう。

「1より大きく10より小さい素数はいくつあるか?」「四つある。」この答えは正しい。数論の試験でそう答えればマルがもらえる。7はその四つの素数のひとつである。7について次のように聞かれたら何と答えるべきだろうか。「7はどこにあるか?」明らかに正しくない答えに、「私のノートの五ページにある」というのがある。第4章で名前とそれが指すものを混同してはいけないということを見たとき、数と数字は混同しやすいと言った。この答えは、その混同の良い例である。「7」という数字はノートの五ページに書いてあるかもしれないが、その数字は7という数ではない。これは簡単に証明できる。もしあなたのノートの六ページに書いてある「7」という数字も7という数である。ふたつの数字のあいだには、これといって重要な相違はないからだ。私でなくあなたが書いたからといって、数論的に特別なわけではない。したがって、7という数がふたつある。だが、これは明らかに偽である。7という数はひとつしかない。(これを疑う読者は、49の正の平方根がいくつあるか考えてみよ。)ゆえに、あなたのノートの五ページに書いてある「7」という数字は7という数ではない。

「7はどこにあるか?」という質問は7の所在地についての質問なので、「6と8の間にある」という答えは駄目である。その答えは、6より大きく8より小さいという大小関係を述べているにすぎないからである。7がどの場所に存在するかという問いに答えていない。第4章で命題のありかについての話が出たときと同じように、ここでも分析哲学のこういう話の進め方にやきもきする読者がいるかも知れない。「そんなとぼけた質問をする方がおかしいのだ。分析哲学者とは、やはり浅薄なのではないか。7は6より大きく8より小さい、と言うだけで良いではないか。それ以外の意味で7のある場所などない、と言えばそれで良いではないか。」それでは良くないのである。その理由はこうだ。7は6より大きく8より小さいなら、6より大きく8より小さい素数がある。そう言うときの「ある」はどう解釈すればいいのだろうか。やきもきしている読者の言うようにすれば、「6より大きく8より小さい素数がある」は「6より大きく8より小さい素数は、6より大きく8より小さい」と解釈されることになるが、そういう解釈の仕方は一般的に正しくない。たとえば、それを明らかに偽である「3より大きく5より小さい素数がある」という文に当てはめれば、「3より大きく5より小さい素数は、3より大きく5より小さい」という解釈になるが、この後者の文は真である。よって、偽である前者の文の解釈としてはまちがっている。そして、そもそも後者の文が真なのは、その文が「もし3より大きく5より小さい素数があるとすれば、それは3より大きく5より小さい」という意味だからという理由からだが、ここでまた「ある」が出てきている。「ある」を他の言い方で解釈し去ることはできないのだ。

このポイントは、ほかの例を見ることによって、さらに納得のいくものになる。たとえば、「素数は全部でいくつあるか？」に対する答え「無限にたくさんある」は、やきもきしている読者の言うような解釈ができない。無限にたくさんある素数のすべてが、ある特定の整数と一義的な関係にあるわけではないからだ。

10の2．ただのゲームではない

存在という概念を数に適応するのをあくまでも拒む読者は、次のように言うかも知れない。「6と8の間に素数があるとか、素数は無限にたくさんあるとか言う時、私たちが意味しているのは、数論の公理からそういう命題が演繹的に導き出されるというだけのことだ。数論とは、ただのそういう演繹ゲームなのだ。数の存在論など、お門違いである。」こういう意見は、私の祖父母が生まれた頃とても人気があったが、一九三一年にゲーデルという人が証明した不完全性定理というのがそれを変えた。この定理によると、いかに豊かな公理系から出発しても、真である数論の命題をすべて整合的な形で演繹的に導き出すことはできない。公理からの演繹というゲームとは独立のリアリティーを数論は持っているというわけである。

問題は、そのリアリティーとは一体どういうリアリティーなのかということである。それは心の現象に何らかの形で依存しているリアリティーだという意見があるが、数の無限性を十分満足のいく形でしっかり説明できるような心の現象の理論ができるまで、そういう意見は真に受けることができない。それでは、それは物理的なリアリティーなのだろうか。いやそうでもない、というプラトニックな立場がある。一般に形而上学でプラトニックというと、時間・空間とは独立に存在する抽象物を認める立場をさす。恋や愛とは何の関係もない。（もちろんプラトンとは関係がある。）数論におけるプラトニックな立場によると、数は時間内にも空間内にも存在しない抽象的な存在物である。数のリアリティーは、時間・空間とは異なった、それには依存しない独自のリアリティーだというのである。私たちは時間と空間の枠組み内の事柄しか想像できないので、数のリアリティーを想像力によって把握しようとしても無駄である。もちろん、いかなる知覚経験も同様に時間と空間の枠組みによって拘束されているので使えない。では、どんな能力で数のリアリティーを把握しろというのだろう。私たちが数のリアリティーについて何らかの知識（例えば7は素数だという知識）を持っているということは明らかなので、想像や知覚以外の能力を私たちが持っているということは疑い得ない。だがその能力について、想像や知覚ではない能力だということ以上のことを言うのは極めてむずかしい。ゲーデル自身プラトニックな立場からこの問題について少し述べているが、知覚能力にたよる比喩以上のことは言っていない。

もし数論がただの演繹ゲームだったら説明のつかないことが、もうひとつある。それは数論の応用可能性である。7は、「7＋5＝12」などの等式で表されるように他の数と色々な関係を持つのみならず、ものを数えるのに使える。すべての整数が、ものを数えるのに使える。果物でも、スプーンでも、焼きたてのクッキーでも、何でも数えられる。そして数えられた結果は数論の定理に従う。たとえば、イチゴが七つあって柿が五つあれば、果物は十二個ある。ただの演繹ゲームが、いかにして現実の世界にそのように応用できるのか。

10の3．白雪姫の小人、侍、福神、窒素の陽子、世界の不思議、一週間

しかし、時間にも空間にも関係ないような存在物を容認するプラトニックな立場はあまりにも神秘的でまともに相手にできないし、演繹ゲーム主義と同様、現実世界への応用という点でも問題がある、と言う人が少なくない。そういう人のために、前に名前が出たフレーゲとラッセルの意見を紹介しよう。フレーゲに始まりラッセルによって受け継がれたアイデアによると、整数はどこにあるかと問うより先に、整数とは何かと問うほうが良い。つまり、整数の正しい定義とは何かと問うべきだというのである。その問いに対するフレーゲ－ラッセルの答えは、普通のものの集まりについて考えることから始まる。ふたたび7という整数を例にとろう。白雪姫の小人が七人いる。その小人の集まりは7という数と同一だろうか。戦国時代に一つの農村を救った侍が七人いる。その侍の集まりは7という数と同一だろうか。もし小人の集まりが7と同一だとしたら、侍の集まりも7と同一ではないという理由がないし、もし侍の集まりが7と同一だとしたら、小人の集まりも7と同一ではないという理由がない。だが、二つのものが一つのものと同一であることは不可能である。よって、どちらの集

まりも7と同一ではない。(これは、あなたのノートの「7」という数字も私のノートの「7」という数字もどちらも7という整数と同一ではない、という議論と同じ形の議論である。)だがその一方、整数7とこのふたつの集まりの間には明らかに密接な関係がある。そして同じ関係は、7と次のものの集まりそれぞれの間にも成立している。福神の集まり、窒素の原子核の中の陽子の集まり、世界の不思議の集まり、一週間の日の集まり。この関係を何とかうまく利用して、7という整数を定義できないだろうか。そういう考えに基づいて、集まりの集まりというアイデアを使って整数を定義しようとするのがフレーゲ－ラッセルの分析である。七つのものの集まりは世界中にたくさんにあるが、それらの集まりをすべて集めたらどうだろう。そうしてできた集まりの集まり、いわば「メタ集まり」はただ一つしかない。よって、7と同一になるべき候補者が複数あるという先の反論は当てはまらない。ここで「集める」というのは、一緒に縄で縛り上げるとか、同じ部屋に押し込めるとかいった物理的な意味で言っているのではない。小屋の中に籠っていようが、森中に散らばっていようが、七人の小人の集まりは七人の小人の集まりに変わりはない。世界中の七つのものの集まりすべての集まりをSと呼ぼう。フレーゲ－ラッセルの分析によると、整数7はメタ集まりSとして定義できるのである。整数を使って時間・空間内に存在するものを数えるということがどういうことか、これで明らかになる。窒素の原子核内の陽子の数が7だということは、窒素の原子核内の陽子の集まりがSに入っている、すなわち、メタ集まりSとしての7の中に入っているたくさんの集まりのひとつである、ということに他ならない。(一週間にある曜日は物ではない、よってその集まりも物の集まりではない、という読者がいるかもしれない。確かにその通りだ。福神も、一応人間のように時間・空間内にいることになってはいるが架空の存在なので、本当に物理的な存在者とはいえないのではないか。白雪姫の小人も七人の侍も作り話ではないか。まったくその通りである。だがそれは、整数についてのここでの分析に深刻な影響はない。曜日とか架空の人物とかの存在論についての話をするのはまた別の機会にゆずるとして、ここでは、窒素原子核中の陽子や世界の不思議といった、実際にある普通のものの例を典型と見なしてフレーゲ–ラッセルの分析を理解することにしよう。)

だが、この定義は悪循環的な定義ではないのだろうか。7はSである。Sは七つのものの集まりの集まりである。Sの定義の中に「七つ」という概念が入っている。つまり、7の定義の中に「七つ」が出てくる。これはまずいのではないか。確かに、「七つ」が出てくるような7の定義はまずい。だが、それはフレーゲ–ラッセルの定義ではない。フレーゲ–ラッセルの7の定義には、「七つ」という概念は出てこない。まず窒素の原子核内の陽子の集まりをとる。次に一週間の日の集まりをとる。そして、そのふたつの集まりの間に相互的に一対一の対応があるということに気づく。最初の陽子が日曜日に対応し、次の陽子が月曜日に対応し、……、最後の陽子が土曜日に対応する。陽子にも曜日にも余り物はない。さらに、同様の対応がほかの集まり（白雪姫の小人、侍、福神、不思議、等々）の任意のペアについても確立されているのが分かる。ペアごとにその対応がある集まりを全部集めたのが7なのである。この定義には「七つ」という概念は出てこない。「相互的に一対一の対応」という概念は出てくるが、それは数の概念ではない。「一対一」のなかに「一」という概念が入っているではないかと言う読者がいるかも知れないが、実は「一対一」という概念は「ある」、「イコール」、「ない」、「そして」だけの概念で定義できるのである。「一」という整数の概念はいらないのである。

ここで、まだひとつだけ気になることがある、と言う読者がいるかも知れない。それは「集まり」という概念についてである。「何々を集めると言うとき、物理的な意味で集めるのではないのならば、一体どういう意味で集めるのか。」これは鋭い質問だが、「集める」という動詞に惑わされている。先に、説明を簡単にするために「集める」という言い方をしたが、本来は「集める」という動詞は無視して「集まり」という名詞に集中して欲しい。「では、集まりとは何だ。物理的な集まりでないのなら、一体どういう意味での集まりなのだ。」この質問には、はっきりした答えがある。集まりが何かを知るのに一番手っ取り早い方法は、集まりの同一性の必要十分条件を知ることである。つまり、次の文の中の括弧をどう埋めればいいのかを知ればいいのである。「XとYを任意の集まりとすると、（　）とき、そしてそのときに限り、X＝Yである。」ここには「集まり」という語がすでに入っているのでこれは悪循環的な定義ではないか、という反論は場違いである。「集まりとは次のような必要十分条件で定義される同一性をもつものである」という文が先行していると思えばいい。その同一性の条件によって以外には定義の余地がないもの、と見なせばいいのである。さて、ではその括弧内に何と書けばいいのか。答えは、「いかなるものzについても、zがXに入っているとき、そしてそのときに限り、zがYに入っている」である。簡単に言うと、なかに入っているものが全く同じものであるような集まりが同一の集まりである。集まりの同一性は、そのなかに入っているものの同一性によって完全に決まる。集まりとはそういうものである、ということだ。

こう定義された集まりは、本当に、物理的な意味での集まり、すなわち物理的な融合物、ではないのだろうか。本当に、物理的な融合物ではない。それを証明しよう。

うるう年でない年の二月には、きっちり二十八日ある。そういうある年の二月一日が日曜日だとしよう。そしてその二月のカレンダーがあなたの机上にあるとする。そのカレンダーは最上列が曜日で、左端の「日曜日」から始まり、右端の「土曜日」で終わる。次の列は第一週で、左から「1」、「2」、……、「7」と日々の数字が書いてある。三列目は「8」から始まる第二週目。四列目は「15」から、五列目は「22」からそれぞれ始まる第三週目と四週目である。このカレンダーの二列目から五列目、すなわち、日々の数字の書いてある部分を「四角形C」と呼ぼう。四角形Cは、左上端の「1」から始まり、右下端の「28」で終わる。さて、四角形Cには横の列が四つ（四つの週）、縦の列が七つ（七つの曜日）ある。横の列四つを集めてできた集まりをXとし、縦の列七つを集めてできた集まりをYとする。すでに見た集まりの同一性の条件から、XとYはまったく異なる集まりであることが分かる。Xは四つのものの集まりなのに対し、Yは七つのものの集まり。それどころか、そもそも週は曜日ではないので、XとYに共通なものは一つもない。明らかにX≠Yである。その一方、横の四つの週の列の物理的な融合をB_1、縦の七つの曜日の列の物理的な融合をB_2とする。B_1は二月の日々が全部書いてある部分、すなわち四角形Cである。つまり、B_1＝C。B_2も二月の日々が全部書いてある部分なので、これまた四角形Cである。つまり、B_2＝C。よって、B_1＝B_2。XとYに、物理的な融合物か否かについての相違はない。ゆえに、X≠B_1、そしてY≠B_2。証明終わり。

集まりが物理的な意味での集まり、すなわち物理的な融合物、ではないということは分かったし、集まりの同一性の必要十分条件も分かっているのだが、どうも集まりにはプラトニックな匂いが付きまとう。こう思う読者がいたら、それはもっともだと言わねばならない。四角形Cの中にある七つの縦の列は物理的な物でありYはその集まりであるにもかかわらず、Yはその七つの列の物理的な融合ではないということは、Yの同一性が物理的な物と切り離せない関係にあるにもかかわらず、Yそのものは物理的な物ではないということだ。つまり、Yはある意味で抽象的なものである。これをプラトニックと言わずに何と言えるだろう。

フレーゲ－ラッセルに始まる整数の定義に関する分析は大きな発展をみせて今日に至っているが、誰もが認める決定的な定義はまだない。

10の4．分析哲学史的な補足

フレーゲが整数の概念分析をしているのは、一八八四年の著書『数論の基礎――数の概念の論理数理学的探求』においてである。その後一八九三年と一九〇三年に分けて出版された『数論の基礎法則』では、よりテクニカルな分析をしている。ちなみに、第1章の1の4で言及したラッセルのパラドックスは、この『数論の基礎法則』で提唱された基本法則その5に関するものである。整数の概念分析についてのラッセルの著作は、第4章の4の6で挙げた一九〇三年の『数学の原理』と、第1章1の4で言及した大作『数学原理』(一九一〇、一九一二、一九一三年、ホワイトヘッドと共著)である。整数の分析のみならず、数学の基礎に関する分析哲学者の研究は幅広い。また一般に、数理論理的テクニックを使って、古くからある哲学的問題に新しい光を当てようという試みは、分析哲学の多くの分野でなされている。明晰さを尊重して理屈をつらぬく分析哲学の精神が、数理論理の方法と合致するのは何ら不思議なことではない。

あとがき

本書は、分析哲学の方法がもっとも冴えるような哲学的問題を選んで、哲学の背景をまったく仮定せず、徹底的にトピック中心主義で書いた分析哲学へのいざないの書である。専門用語は最小限におさえ、常に明確さ分かりやすさを第一目標にしながらも、議論の正確さ、緻密さは犠牲にしなかったつもりである。分析哲学史上での重要なメインポイントも含めてある。分析哲学というのは鳥肌が立つほど楽しいものだということを伝えたかったのだが、たとえ、すべすべの肌のままでも、少しだけでも楽しんで頂けたなら嬉しく思う。まだまだ奥深い分析哲学を、さらに学んでみたいと思った読者が一人でもいれば本望である。

本書は、二〇〇四年に國學院大學の高橋昌一郎先生に勧められたアイデアから、紆余曲折して生まれたものである。高橋先生の元々のアイデアとはまったく別の内容になったが、先生の熱心な支持・支援がなかったらそもそも存在し得なかったことはまちがいない。ここに深く感謝する。日本語のいくつかの哲学専門用語について、大阪大学の小山虎先生から、数回にわたって貴重な助言を頂いた。また、北海道大学の西條玲奈さんからは、素晴らしいスピードで、細かい適切なコメントをたくさん頂いた。お二人には大きく感謝する。そのほか、竹綱あすかさん、山口篤子さん、佐藤直美さん、小林理子さん、佐々木聡美さん、五十嵐広子さん、の皆さんから色々なアドバイスや意見を頂いた。どうも、ありがとう。

最後に、本書の原案を提案していただき、企画の始めから終わりまで、日本語の本の著者としては初陣の私を独自の手腕でリードしかつサポートして、私の力を最大限に発揮できるよう導いて下さった、講談社の上田哲之氏に深く感謝の意を表する。

二〇一一年七月七日
ロサンゼルス

八木沢敬

分析哲学入門《ぶんせきてつがくにゅうもん》

二〇一一年一一月一〇日 第一刷発行
二〇二五年 二月 七日 第七刷発行

著者 八木沢《やぎさわ》 敬《たかし》

発行者 篠木和久
発行所 株式会社講談社
東京都文京区音羽二丁目一二—二一 〒一一二—八〇〇一
電話 (編集) 〇三—五三九五—三五一二
(販売) 〇三—五三九五—五八一七
(業務) 〇三—五三九五—三六一五

KODANSHA

装幀者 奥定泰之
本文データ制作 講談社デジタル製作
本文印刷 信毎書籍印刷株式会社
カバー・表紙印刷 半七写真印刷工業株式会社
製本所 大口製本印刷株式会社

ISBN978-4-06-258520-0 Printed in Japan N.D.C.100 267p 19cm

講談社選書メチエ　刊行の辞

書物からまったく離れて生きるのはむずかしいことです。百年ばかり昔、アンドレ・ジッドは自分にむかって「すべての書物を捨てるべし」と命じながら、パリからアフリカへ旅立ちました。旅の荷は軽くなかったようです。ひそかに書物をたずさえていたからでした。ジッドのように意地を張らず、書物とともに世界を旅して、いらなくなったら捨てていけばいいのではないでしょうか。

現代は、星の数ほどにも本の書き手が見あたります。読み手と書き手がこれほど近づきあっている時代はありません。きのうの読者が、一夜あければ著者となって、あらたな読者にめぐりあう。その読者のなかから、またあらたな著者が生まれるのです。この循環の過程で読書の質も変わっていきます。人は書き手になることで熟練の読み手になるものです。

選書メチエはこのような時代にふさわしい書物の刊行をめざしています。

フランス語でメチエは、経験によって身につく技術のことをいいます。道具を駆使しておこなう仕事のことでもあります。また、生活と直接に結びついた専門的な技能を指すこともあります。

いま地球の環境はますます複雑な変化を見せ、予測困難な状況が刻々あらわれています。

そのなかで、読者それぞれの「メチエ」を活かす一助として、本選書が役立つことを願っています。

一九九四年二月　　野間佐和子

講談社選書メチエ　哲学・思想Ⅱ

MÉTIER

近代性の構造　今村仁司
身体の零度　三浦雅士
経済倫理＝あなたは、なに主義？　橋本努
パロール・ドネ　C・レヴィ＝ストロース　中沢新一訳
絶滅の地球誌　澤野雅樹
共同体のかたち　菅香子
三つの革命　佐藤嘉幸・廣瀬純
なぜ世界は存在しないのか　マルクス・ガブリエル　清水一浩訳
「東洋」哲学の根本問題　斎藤慶典
言葉の魂の哲学　古田徹也
実在とは何か　ジョルジョ・アガンベン　上村忠男訳
創造の星　渡辺哲夫
いつもそばには本があった。　國分功一郎・互盛央
創造と狂気の歴史　松本卓也
「私」は脳ではない　マルクス・ガブリエル　姫田多佳子訳
AI時代の労働の哲学　稲葉振一郎
名前の哲学　村岡晋一

「心の哲学」批判序説　佐藤義之
贈与の系譜学　湯浅博雄
「人間以後」の哲学　篠原雅武
自由意志の向こう側　木島泰三
自然の哲学史　米虫正巳
夢と虹の存在論　松田毅
クリティック再建のために　木庭顕
AI時代の資本主義の哲学　稲葉振一郎
ときは、ながれない　八木沢敬
非有機的生　宇野邦一
なぜあの人と分かり合えないのか　中村隆文
ポスト戦後日本の知的状況　木庭顕
身体と魂の思想史　田中新吾
黒人理性批判　アシル・ムベンベ　宇野邦一訳
考えるという感覚／思考の意味　マルクス・ガブリエル　姫田多佳子・飯泉佑介訳
誤解を招いたとしたら申し訳ない　藤川直也